Ida Magli · Die Madonna

Ida Magli

Die Madonna

Die Entstehung eines weiblichen Idols
aus der männlichen Phantasie

Aus dem Italienischen von Angelika Beck
Vorwort von Inge von Weidenbaum

Piper
München Zürich

Die italienische Originalausgabe erschien unter dem Titel
»La Madonna« 1987 im Verlag Rizzoli, Mailand

ISBN 3-492-03254-0
© RCS Rizzoli Libri S. p. a., Mailand 1987
© der deutschen Ausgabe und des Vorwortes:
R. Piper GmbH & Co. KG., München 1990
Gesetzt aus der Baskerville-Antiqua
Gesamtherstellung: Clausen & Bosse, Leck
Printed in Germany

Inhalt

Vorwort

Ausgehend von der sein Leben bestimmenden Entdek-
kung, daß es eine unbekannte Größe ist, die allen Aus-
prägungen des Menschlichen seine Ordnung gibt, daß
ein zeitloses Unbewußtes dem Bewußten Struktur verleiht, folgert der französische Kulturanthropologe
Claude Lévi-Strauss, daß Wissenschaft heute darin bestehen müsse, dieses Unbekannte bekannter und das
Unbewußte bewußter zu machen.

Wenn wir Lévi-Strauss beim Wort nehmen, so überrascht es, daß ihm selbst, als einem der größten My-
thenforscher, in der Vielzahl von Mythen, die die *symbolische Bedeutung der Frau* zum Inhalt haben, die diesen
Mythen zugrundeliegende Schroffheit in der Dichotomie der Geschlechter nicht aufgefallen ist.

Nach Lévi-Strauss liegt die Kraft des *Mythos* darin,
daß er, eingebettet in eine Tradition, eine *Realität* begründet, der das Leben unterworfen ist. Die gesamte gesellschaftliche Organisation basiert, mit der Religion,
auf dem Mythos. Sie ist durch ihn gerechtfertigt, durch
ihn behauptet sie ihre Gültigkeit.

Die Kulturanthropologie, als Erkenntnistheorie der
Geschichte, hat nicht die Aufgabe, zum Glauben Stellung zu nehmen. Wenn sie die biblischen Texte befragt –
wie Ida Magli es in diesem Buch unternimmt –, so des-

halb, weil sich in ihnen die Struktur, der Bauplan, die Formgesetze der Kultur, mit ihren in der Lebensordnung wirksamen Herrschaftssystemen, Hierarchien und Klassen aufdecken lassen.

In dem Gründungsmythos von der Erschaffung der Welt und der Vertreibung der ersten Menschen aus dem Paradies begegnet uns als erstes jene schroffe Dichotomie zwischen den Geschlechtern, von der eingangs die Rede war. Wir hören, daß es die Frau ist, auf der die Schuld lastet, den Tod in die Welt gebracht zu haben. Nicht der Mann.

Schuld ist Wissen und Sexualität. Darum ist *Eva* das negative Symbol der Weiblichkeit. Wer sich niemals die Kraft dieses Symbols bewußt gemacht hat, sei erinnert an die Verdammung »per foeminam mors« des hl. Augustinus und einer endlosen Reihe von Kirchenvätern, Mönchen, Bußpredigern und Päpsten nach ihm. Sie alle verbindet der Horror vor der Frau, vor ihrer Sexualität, die mit der Essenz des Bösen, dem Teufel in eins gesetzt wird. Eva, das jüdische Symbol der Weiblichkeit, ist eine Schöpfung des Mannes, und desgleichen ihr christliches Gegenbild, das Symbol der reinen Frau, »virgo intacta« und Mutter zugleich, die MADONNA. In ihr hat sich das Verlangen des Mannes nach Befreiung von der Frau und dem Geschlecht einen symbolischen Wert geschaffen, der, namentlich in den katholischen Ländern, nicht minder akut in die gesellschaftliche Realität hineinwirkt als der Eva-Mythos des Alten Testaments.

»Das Bild, in dem das Verhältnis Gottes zu seinem auserwählten Volk gründet, ist ein durch und durch sexuell bestimmtes. Israel ist die Braut Gottes.« Von dieser Bestimmung aus – so legt Ida Magli dar – erscheint Gott als der einzige Mann. Das Volk der Juden, und darunter sind allein die Juden männlichen Geschlechts zu verstehen, empfindet sich vor Gott als Frau. »Denn dein Schöpfer ist dein Gemahl« (Jes 54,5).

Da das Christentum das sexuelle Moment in der Beziehung zu Gott nicht überwunden, sondern nur verlagert hat, ist unsere Kultur weiter bestimmt von einer mentalen Homo-Sexualität, dem Dialog der Männer unter sich. Die Art des Dialogs hat sich im Laufe der Jahrhunderte gewandelt, der Inhalt ist stets der gleiche geblieben: Macht, Herrschaft, Ehre, Kampf, Sieg, Verachtung der Schwäche. »Die menschliche Ehre besteht aus Sexualität, die Sexualität ist der Stoff, aus dem die Ehre gemacht ist, und es gibt keine Ehre außer der sexuellen«, reflektiert ein europäischer Schriftsteller im Jahr 1977 diese Tatsache.*

Die Frau ist kein Du für den Gott der jüdischen Religion. Sie ist es in Wahrheit auch nicht für den Mann. Im Gegenteil, die Exaltation der Virilität verlangt nach der Zweitrangigkeit der Frau oder nach ihrer Entwirklichung.

Der dramatische Prozeß der Verwandlung Marias, einer jüdischen Frau aus Nazareth, zur *Theotòkos*, zur Gottesmutter, bis zur Vollendung ihrer Ent-Wirklichung im Symbol der *Madonna*, nimmt, wie Ida Magli zeigt, seinen Ausgang von einem christologischen Problem. Um die Gottessohnschaft Jesu zu beweisen, mußte die natürliche Mutterschaft der Maria von ihrer sexuellen Konnation, der Befleckung in der Liebeshand-

* Fritz Zorn, *Mars*, München 1977.

11

lung und Geburt gereinigt werden. Ja, sogar noch in dem biblischen Ausdruck der Verkündigung, »Die Kraft des Höchsten wird dich überschatten« (Luk 1,35) versuchen Augustinus und andere Kirchenväter das griechische Wort *episkiázein, überschatten, bedecken*, als Begriff der *Kühle* im Gegensatz zu wollüstiger Zeugung zu behaupten.*

Während die wirkliche Maria als Jüdin allen über sie verhängten Ritualen der patriarchischen jüdischen Lebensordnung bis zuletzt unterworfen bleibt – nach dem Tod Jesu nimmt Johannes sie »zu seinen Sachen«–**, hebt mit dem Beginn des Christentums die Entwirklichung ihrer Person an, in einer theologischen Konstruktion, die im Kult der Madonna ihren Höhepunkt erreicht.

> Es fiel ein Himmelstaue
> In eine Jungfrau fein,
> Es war keine bessere Fraue,
> Das macht ihr Kindelein.
> Ob sie schon hat geboren
> Blieb sie doch Jungfrau rein.***

Diese Worte haben so einen zärtlichen, poetischen Klang. Aber nur, weil die Akzeptanz ihrer Bedeutungen so selbstverständlich ist, bemerken wir nicht, daß diese

---

* Otto Rank, Der Doppelgänger, Leipzig / Wien / Zürich 1925, S. 74.
** Joh 19,27. Hier S. 36. In Übereinstimmung mit dem alttestamentarischen Begriff von der Frau, der unverwandelt ins Neue Testament übernommen wird, spricht der Franzose heute noch »unbefangen« von *ma chose* und meint damit seine Frau; *chose* = Ding, Sache, Gegenstand, Habe, Besitz, Eigentum.
*** Aus dem Kirchenlied *Es ist ein Ros entsprungen.*

Jungfrau rein im Gegenteil aus einem äußersten Unter-
werfungswillen hervorgegangen ist. Sie ist die ihrer Sexualität beraubte Weiblichkeit.

Rom, August 1989   Inge von Weidenbaum

Einleitung
Die Entwirklichung des Lebens im Abendland

Bei meinen Studien und auch, wenn ich versuche, die Ergebnisse meiner Überlegungen und Untersuchungen schriftlich darzulegen, macht mir schon seit vielen Jahren ein äußerst schwieriges Problem zu schaffen. Es besteht letztlich in der »Distanz«, die die abendländische Geistesgeschichte zwischen der konkreten Lebenswirklichkeit mit ihren Institutionen, Gesetzen, wissenschaftlichen Lehrmeinungen, ihren Kriegen, gesellschaftlichen Klassifizierungen, ihren Rollen und dem aufgebaut hat, was ich ganz allgemein »Literatur« nenne. Ich verstehe unter Literatur das freie Reflektieren des Denkers, Künstlers, Dichters, Musikers oder Philosophen über die Inhalte des Lebens, von denen die Literatur abhängt, die aber in einer Sprache und in einem Diskurs vergegenständlicht und vermittelt werden, die für sich selbst bedeutsam sind.

Während der ersten Phase der Herausbildung der Kulturanthropologie als Wissenschaft trat dieses Problem ziemlich vereinfacht in der Polemik zutage, die um die Definition des Begriffs »Kultur« selbst entbrannte. In der Tat war es den Anthropologen noch nicht recht klar, daß die Kultur die Lebensform der Gattung Mensch ist, daß sich seine Anpassung an die Umwelt durch Veränderung und Umgestaltung eben dieser Umwelt und nicht durch die Umgestaltung des Organismus vollzog, wie es im Entwicklungsprozeß der anderen Lebewesen der Fall ist. Der menschliche Organismus entwickelt sich zwar, doch ist diese Evolution, verglichen mit dem enormen Fortschritt der Kultur, überaus langsam und hängt nicht von der Umwelt als solcher, sondern von der Kultur selbst ab.

Dieser Aspekt berührt jedoch nur teilweise (allenfalls zu einem verschwindend geringen Teil) das Problem, auf das ich eingangs hinwies. De facto tendieren die Kulturanthropologen dahin, die Auseinandersetzung um den Kulturbegriff auf zwei Bereiche zu beschränken – Kultur verstanden als Inbegriff der »geistigen« Phänomene und Kultur verstanden als das Ensemble der wirtschaftlich-technischen Erscheinungsformen (insbesondere unter dem Einfluß marxistischer Theorien) – und dabei die Frage nach der Existenz von *Natur* im Verhältnis zur Kultur offen zu lassen. Das Unbehagen, die Schwierigkeit, die ich seit vielen Jahren empfinde, besteht aber in der Tatsache, daß es mir nicht gelungen ist, alle Aspekte der »geistigen« Kultur in ihrer ganzen Konkretheit sowohl hinsichtlich der einzelnen Individuen als auch in bezug auf die einzelnen Völker aufzuzeigen. Mit anderen Worten: Wenn mir seit vielen Jahren die unauflösliche Wechselbeziehung zwischen dem konkreten Leben eines Volkes (und somit jedes einzelnen dieses Volkes) und seinen literarischen Erzeugnissen (die ich, wie ich schon betont habe, ganz umfassend verstehe) immer deutlicher vor Augen tritt, so ist mir gleichermaßen bewußt, daß in der europäischen Geschichte mit der Herausbildung des Christentums die »Literatur« zu einer Art gelungener Flucht geworden ist. Diese Flucht hat Gestalt angenommen als reine »Erfindung«, als Projektion der Phantasie, als eine »zweite« Ebene des Seins, die ein Eigenleben führt, ohne Ende, ohne »Tod«, jenseits des Todes. Wann immer diese zweite Realitätsebene mit der gefühlsmäßigen und geistigen Erfahrung eines Menschen übereinstimmt, ermöglicht sie diesem, eine Wirklichkeit zu denken, die nicht real ist, sondern gewissermaßen eine Anspielung auf die Wirklichkeit, die sich, eben weil sie eine Anspielung ist, nicht konkretisiert und niemals konkretisieren kann.

Von Anfang an haben die Anthropologen den Unterschied zwischen den mythischen Werken der verschiedenen Völker und der abendländischen Kunst betont. Es erübrigt sich, hier an die Auseinandersetzungen über die »primitive Kunst« und die diesbezüglich verschiedenen Lehrmeinungen im Bereich der Ästhetik zu erinnern. Mir kommt es darauf an, zu Beginn dieser Arbeit (die eine Fortsetzung dessen ist, was ich in *Jesus von Nazareth* dargelegt habe) deutlich zu machen, daß der »Unterschied«, in dem wir – die Europäer – die Ebene der »Literatur« angesiedelt haben, auf die Geschichte selbst zurückzuführen ist, in der sich das Christentum verwirklicht hat. Dieser »Unterschied« hat uns daran gehindert – und tut es noch immer –, den Grund zu verstehen, weshalb es nicht die Literatur ist, wo sich die Irrealität des Seins, der Traum, die Anspielung, die Hoffnung auf Unendlichkeit und »Unsterblichkeit« findet. Tatsächlich ist die Geschichte des Abendlandes von der Konkretheit des Symbolischen gekennzeichnet, von dem dauernden Übergang vom Symbolischen zum Konkreten, so daß man mit einer gewissen Berechtigung behaupten kann, die »Literatur« (oder die Kunst) stelle sich hier als eine dritte Ebene dar und nicht als die zweite. Es gibt also nicht auf der einen Seite die Wirklichkeit und auf der anderen die Phantasie (das Leben und die Dichtung; die Natur und die Kunst; das Konkrete und den Traum), sondern es gibt eine dritte, eine Ebene dazwischen, die Wirklichkeit des Symbolischen, aus der die Kunst schöpft und der sie sich zugleich entzieht, die die menschliche Existenz formt, indem sie sie in ein Gefängnis des Traums verwandelt, in ein vernünftiges Delirium oder in absolute Verzweiflung. Die Entwirklichung des Lebens in der abendländischen Geschichte ist nicht darstellbar, ohne daß man sie in ihren unmittelbaren Bedeutungen betrachtet und beschreibt.

Wie ich bereits ausführte, ist es gerade die »Ebene« der Literatur gewesen, die mir die Aufgabe erschwerte, den zentralen Kern der abendländischen Kultur verständlich zu machen: die Herausbildung des Christentums als eine Übertragung jüdischer Elemente, wechselweise vom Konkreten zum Symbolischen oder vom Symbolischen zum Konkreten. In *Jesus von Nazareth* wollte ich die Voraussetzungen dieses Weges beleuchten. Mit der Biographie der heiligen Therese von Lisieux habe ich versucht, die Wechselbeziehung zwischen den kulturellen Bedeutungen der zweiten Ebene und der individuellen Persönlichkeit zu erklären. Indem ich eine Frau, eine »heilig« gesprochene Frau, also eine »Heldin«, auswählte, die die von ihrer Kultur vorgegebenen Werte in ihrem Leben und Wirken absolut gesetzt hat, hatte ich geglaubt, den Übergang vom Konkreten zum Symbolischen und vom Symbolischen zum Konkreten augenfälliger machen zu können. Es ist mir nicht gelungen. Die Gesellschaft hat einhellig beschlossen, das Problem der »kleinen« Therese zu verdrängen. Sie hat die Heldenhaftigkeit der Therese als ein positives Faktum und als einen unverlierbaren Reichtum aller für sich in Anspruch genommen. Daraufhin wurde mir noch deutlicher bewußt, daß das unverrückbare, d. h. grundlegende Idealbild der Frau zu den zentralen Ideen der europäischen Geschichte gehört. Aber von dem Idealbild der Frau zu sprechen, heißt einmal mehr, daß der Schöpfer der Bedeutungen der Mann ist und daß seine Grundhaltung gegenüber der Weiblichkeit (das Ausleben der Sexualität ist hiervon nur die Konsequenz) nicht »real« ist.

Ich bin daher dem absoluten Idealbild des Weiblichen, der Muttergottes, nachgegangen und lege nun die Ergebnisse einer langen, leidenschaftlichen, aber auch »aussichtslosen« Forschungsarbeit vor.

Ich weiß nicht, ob es angebracht ist, Vorstellungen und Begriffe anzuwenden wie »Strukturen von langer Dauer«, Gegenstand der Kultur, Persönlichkeitsstruktur und was dergleichen mehr in den letzten Jahren in der anthropologischen wie auch in der Geschichtsforschung erarbeitet worden ist. Mag sein, daß sie sich eignen, auch einige meiner Argumentationen begrifflich zu untermauern, aber als unverzichtbar erscheinen sie mir nicht. Wie auch immer, ich empfinde sehr deutlich die Unzulänglichkeit der Terminologie, ja vielleicht sogar der »Vorstellungen« dieser Wissenschaften. Ich glaube vielmehr, daß das logische Vermögen, mit dem wir alle ausgestattet sind, ausreicht, die grundlegenden Motivationen in meinen bisherigen Ausführungen nachzuvollziehen und zu verstehen; Motivationen, die aufgrund der offenkundigen Bedeutung der Theologie, des Mönchtums und vieler anderer, im Marienkult konvergierender Institutionen als Hauptgründe für unsere eigene Geschichte erscheinen.

Deswegen habe ich auch keine Bibliographie erstellt. All diejenigen, die erzählt, geschrieben, etwas dargestellt haben, die in irgendeiner Weise eine Spur ihres Denkens in Werken hinterlassen haben, die mich erreichten, sind, auch ohne daß es mir bewußt ist, in meiner Arbeit und in mir selbst gegenwärtig. Meine Hoffnung geht dahin, daß wir uns, indem wir noch einmal über das Laboratorium der Geschichte nachdenken, aus dem Kerker befreien können, in dem wir eingeschlossen sind.

1. Kapitel
Der einzige Mann ist Gott

Wenn wir Stellen aus dem Alten Testament lesen oder hören, sind wir gegenüber den Worten, die wir seit der Kindheit kennen, so voreingenommen, daß uns ihre unmittelbare Bedeutung verschlossen bleibt. Ich hingegen werde in meiner kurzen Ausführung über die Geschichte der »Madonna« die Erzählungen der *Bibel* wörtlich nehmen und wünsche mir, daß auch meine Leser sie so »auffassen« mögen, als ob sie sie noch niemals gehört hätten, d. h. mit einer Unvoreingenommenheit, die eine unmittelbare Betroffenheit ermöglicht.

Das Bild, in dem das Verhältnis Gottes zu seinem auserwählten Volk gründet, ist ein durch und durch sexuell bestimmtes. Israel ist die Braut Gottes. Der Bund zwischen Gott und den Menschen wird durch ein »geschlechtliches« Opfer gestiftet: durch die Opferung der Vorhaut. Natürlich handeln dabei nur die männlichen Juden, da eben nur Männer eine Vorhaut haben. Tatsächlich gestaltet sich die Geschichte der jüdischen Religion als eine bewußt zur Theorie erhobene, einzigartige Synthese des kulturellen Gefüges, das mehr oder weniger ausgeprägt bei allen Völkern zu finden ist. Es handelt sich um eine Synthese, die wir wie folgt deuten können: Die Männlichkeit *begründet* die Bedeutungen und Werte, da sie das positive Prinzip ist, aus dem alle anderen Werte hervorgehen und an dem sie gemessen werden. Diese grundlegende Funktion des »Männlichen« ist so selbstverständlich, daß sie bis heute weder einer Erläuterung noch einer Begründung bedurfte. Ich sagte, daß in der Geschichte des Judentums die Männlichkeit auf eine derart exemplarische Weise zur Grundlage der Kultur gemacht wird, daß sie zum Paradigma erhoben werden kann, aus dem sich alle Ereignisse erklären lassen, denn wenn die Juden die Braut Gottes sind, so ist offenbar Gott der einzige Mann. Deshalb wendet sich Gott an sein Volk wie an eine geliebte Frau, auf die er im höchsten Maße eifersüchtig ist, deren Körper für ihn rein bleiben muß und die von Zeit zu Zeit zur Ehebrecherin wird, die ihn betrügt, oder zur Hure, die sich an den Ufern des Nils verkauft.

»Denn dein Schöpfer ist dein Gemahl, ›Herr der Heere‹ ist sein Name«, (Jes 54,5) sagt Jesaia. Und weiter: »Ja, der Herr hat dich gerufen als verlassene, bekümmerte Frau. Kann man denn die Frau verstoßen, die man in der Jugend geliebt? spricht dein Gott.« (Jes 54,6) »Ich werde dir alles Volk wieder zuführen, wie die Frau zum Manne zurückkehrt«, heißt es im zweiten Buch Samuel.

Aber gerade weil Israel die auserwählte Braut ist, zeigt sich Gott so überaus eifersüchtig, und sein Zorn ist der eines Mannes, der das ausschließliche Besitzrecht über den Körper seiner Frau hat.

»Auf jedem hohen Hügel und unter jedem üppigen Baum hast du dich als Dirne hingestreckt« (Jer 2,20), spricht Gott zu Israel durch den Mund Jeremias’ »Vergißt denn ein Mädchen seinen Schmuck, eine Braut ihre Bänder? Mein Volk aber hat mich vergessen seit ungezählten Tagen.« (Jer 2,32) Der Schmuck des Mädchens und die Bänder der Braut sind Zeichen ihrer Reinheit und Keuschheit. Und schließlich: »Du aber hast mit vielen Freunden gebuhlt, und da solltest du zu mir zurückkehren dürfen? (...) Doch du hattest die freche Stirn einer Dirne und wolltest dich nicht schämen.« (Jer 3,1)

Natürlich hat man diese Redeweise stets metaphorisch verstanden. Aber wie könnte eine Metapher stark genug sein, um die Beziehung der Menschen zu Gott darzustellen, und das in einer Gesellschaft wie der jüdischen, deren Existenz auf dieser Beziehung gründet, wenn nicht das Gegenteil wahr wäre? Das Bild der Ehe ist zentral, weil es die Männer in ihrer Stellung gegenüber Gott *als Frauen* ausweist. Aus diesem Grund entspricht auch der Geschlechtsakt dem Akt der Erkenntnis (*coire* bedeutet im Hebräischen »erkennen«). Gott *weiß* alles, insofern er im sexuellen Sinne besitzt, und er ist der einzige, der sein Volk besitzen kann. »Noch ehe ich dich im Mutterleib formte, habe ich dich ausersehen« (Jer 1,5), spricht Gott durch den Mund des Jeremias. Die Übersetzung ist offensichtlich unvollständig, hat doch das Christentum im Laufe der Geschichte die sexuelle Konnotation des Wortes »erkennen« ausgeschlossen, um das geschlechtliche Moment aus dem Verhältnis zu Gott zu tilgen. Deshalb wird die Geschichte des Christentums von einem Konflikt um die Sexualität durchzogen, einem Konflikt, der jahrhundertelang Mystiker, Theologen, fanatische Christen bis aufs Blut gequält hat und in den durch die Entscheidungen der kirchlichen Hierarchie ganze Völker mit hineingezogen wurden.

Hier trifft man auf einen der komplexesten Aspekte bei der Herausbildung des Christentums: Obwohl die traumatische Wirkung bezeugt ist, die von den Worten und Taten des Jesus von Nazareth ausging, haben sich seine Jünger dennoch dazu veranlaßt gefühlt, diese Worte und Taten in die Begriffe des Judentums zu übersetzen. Wenn es das Ziel Jesu war, die jüdische Kultur zu »vollenden« und den Anfang zu setzen für eine Geschichte der Menschen auf Erden, die von den Fesseln der Unreinheit vor Gott frei sind, so hat man gerade diesen Versuch nicht begriffen und nicht verwirklicht. Die Vorstellung von »Unreinheit« ist unauflöslich an die des sexuellen Besitzes gekoppelt und liegt der jüdischen Religion und Kultur zugrunde. Israel ist unrein und befleckt, wenn es seinen Bräutigam »verrät«, wenn es zur Ehebrecherin und Hure wird.

Der durch die Beschneidung Gott geopferte Körper der Juden ist ein weiblicher Körper und muß ständig geschmückt, gesalbt und gereinigt werden, damit Gott ihn »besitzen« kann. »Macht« und »besitzen« sind von Grund auf miteinander verbunden, eben weil im sexuellen Besitz die Macht, die Verfügungsgewalt über den anderen, Gestalt annimmt. Man kann sich der Tatsache nicht entziehen, daß im Judentum die Sprache, die Vorstellungen, ja das gesamte kulturelle Geflecht sexuell fundiert sind. Es erübrigt sich hinzuzufügen, daß es sich dabei allein um die Fundierung durch die männliche Sexualität handelt.

Die Funktionsweise des Penis stellt sich als Muster, als *pattern*, als eine Urform dar, die vom Gehirn als eine

»äußerliche«, als außerhalb des biologischen Organismus angesiedelt, erfaßt und verstanden und in einem Bedeutungszusammenhang objektiv wieder aufgegriffen wird. Der Akt des vorwärtsdrängenden Eindringens, der kennzeichnend für den Penis ist, ermöglicht dem Mann, und zwar im wörtlichen wie im übertragenen Sinn, die simultane Wahrnehmung des Projektionsvermögens und des Projektions*gegenstandes*, d. h. die Wahrnehmung einer inneren, subjektiven Welt, die das Bild und die der Außenwelt entnommene Darstellung des Bildes bewußt steuert. Es handelt sich um einen Vorgang, der mit den heutigen Begriffen der Gehirnphysiologie als ein zerebraler Akt bezeichnet werden könnte, als ein unendlich wiederholbares, auf unzählige andere Kontexte anwendbares logisches Grundmuster.

Dieser Mechanismus, der der *Objektivierungs*fähigkeit des *Homo sapiens* und folglich seinem Vermögen, sich jeder ihm äußerlichen Wirklichkeit entgegenzusetzen, zugrunde gelegen zu haben scheint, ermöglicht jene zahllosen Arten von »Gegensätze«, die wir in den verschiedenen Kulturen dokumentiert finden und die unzählige Machtstrukturen begründen. Männlichkeit–Weiblichkeit, heilig–profan, Natur–Kultur, hoch–tief, rechts–links, aktiv–passiv sind ohne weiteres mit der Funktionsweise des männlichen Sexualorgans vergleichbar, das so zum primären und analogischen Ausgangspunkt aller Werte wird.

»Hoch«, »gerade«, »aktiv«, »stark«, »mächtig«, »heilig« qualifizieren das Glied im Vollbesitz seines geschlechtlichen Vermögens, das auf einen umfassend gültigen Zeichencode übertragen wird. Auf diese Weise erklärt sich, weshalb der Gegensatz Mann–Frau immer als ein eindeutiger Gegensatz erscheint, d. h. als einer, der von männlichen Individuen gegenüber dem weiblichen Geschlecht verwendet wird, ohne daß es eine Wechselseitigkeit gäbe. Tatsächlich handelt es sich aber nicht um einen Gegensatz, sondern um einen binären Code: ja–nein, ist–ist nicht. Weiblichkeit ist gleich Nicht-Männlichkeit. Sagen wir »Mensch«, so meinen wir »Mann«. Wenn in der Alltagssprache »Mensch« auch »Frau« bedeuten kann, wenn der Begriff »Mensch« sich auch mit Frau »decken« kann – es ist dies ein erklärtermaßen sexuell konnotiertes Verb –, so ist das nur ein einfacher und klarer Beweis unserer gerade aufgestellten Behauptung. Nur der Mensch hat sich außerhalb des biologischen Organismus versetzen und dieses Hinaustreten reflektieren können, indem er darüber Betrachtungen anstellte, es erprobte, es »erkannte«. Es ist kein Zufall, daß der heilige Paulus sowohl von der Sexualität als auch von der *libido sciendi* voller Abscheu spricht, zwei Sünden, die sich für ihn nicht unterscheiden. Wie wir gesehen haben, ist »erkennen« im sexuellen Sinn und »Gott erkennen« dasselbe. Doch das Christentum muß diese Möglichkeit verwerfen. In einer verzweifelten Art von Anziehung und Verweigerung wird Gott hier immer mehr der »Unerkennbare«. Wenn in der jüdischen Gesellschaft und Kultur nur die Männer, die gegenüber Gott die Rolle von Frauen einnehmen, handeln und diese dadurch von dem einzig vitalen Bereich, nämlich dem Verhältnis zu Gott, dem von Gott Besessen-Werden, ausschließen, so erlischt im Christentum die Kenntnis von Bedeutung und Wert der Frauen überhaupt, weil die Notwendigkeit des Gegensatzes hier ganz entfällt. Der einzig existente Mann ist Gott; die Männlichkeit ist in ihrer ganzen Machtfülle wiederhergestellt. Das Nicht-Männliche wird zum Bösen.

Im Christentum überschneiden sich deshalb ständig zwei Arten der Übertragung der jüdischen Begriffe: die von der symbolischen auf die konkrete Ebene und die von der konkreten auf die symbolische Ebene. So wird z. B. das Menschenopfer ins Symbolische übertragen (die Messe), weil das eigentliche, das wirkliche Opfer (Jesus) bereits getötet worden ist. Man kann folglich keine Tiere mehr opfern, aber die Tiere, die man nach dem jüdischen Ritus getötet hatte, werden ihrerseits zu Symbolen des einzig wahren Opfers: Jesus. Die Waschungen, die der Jude tagtäglich vollzieht, werden abgeschafft, da die Taufe ein für allemal reinigt. Aber es sollte das Sündenbekenntnis hinzukommen, das die Reinigungshandlungen wiederum vom Symbolischen ins Konkrete überträgt.

Aber erst auf dem Gebiet der Sexualität entfalten die kulturellen Bedeutungsinhalte ihre ganze Kraft. Die Opferung der Vorhaut als Zeichen sexueller Unterwerfung der Juden – der Bräute Gottes sozusagen – gegenüber Gott wird zum totalen Verzicht auf den Sexus. Die Keuschheit wird zu dem Symbol der Christen, die ganz konkret Gott angetraut sind und von ihm besessen werden. »Zeigt euch Christus als reine Jungfrau«, sagt Paulus zu den Korinthern. Aber diese Jungfräulichkeit ist nicht mehr, wie bei den Juden, eine Metapher für Reinheit, sondern eine tatsächliche Jungfräulichkeit. Wer mit Gott vermählt ist, kann nicht mit einem anderen verheiratet sein. So beginnt die dramatische Geschichte der Ablehnung der Sexualität im Christentum, die als logische Konsequenz dazu führen wird, daß man nur auf das Ende der Welt wartet.

Auch die Frauen, deren einzig wichtige Aufgabe in der Hervorbringung zahlreicher Kinder bestanden hatte, werden Gott ihre Jungfräulichkeit als Zeichen ihrer Nutzlosigkeit und ihres Todes opfern. Aber gemäß des oben beschriebenen Übergangs vom Symbolischen zum Konkreten werden sie von den Männern Gott wirklich als Gemahlinnen geopfert werden. Darüber hinaus sollte ihre *Weihe* seit den ersten Jahrhunderten eines der Kraftzentren des Kirchenlebens werden. Zwischen der Weihe der Jungfrauen und der sexuellen Opfergabe der Männer besteht ein tiefgreifender Unterschied; er entspricht den logischen Notwendigkeiten der Bedeutungen, auf denen die Kultur errichtet ist.

Das Ehe-Opfer

Um diese Bedeutungen zu verstehen, ist es unerläßlich, einen Augenblick bei den primären Organisationsformen der Gesellschaft zu verweilen, wie sie in anthropologischen Studien aufgezeigt worden sind. Wir können sie wie folgt zusammenfassen: Das Bündnis zwischen zwei Gruppen verwirklicht sich im »Tausch« der jeweils »eigenen« Frauen. »Die gesellschaftliche Beziehung des Tausches, der die Ehe stiftet, vollzieht sich nicht zwischen Mann und Frau, die zum Geben verpflichtet sind und etwas empfangen; sie vollzieht sich zwischen den beiden Gruppen von Männern, und die Frau figuriert dabei als eines der Tauschobjekte und nicht als einer der beiden Teile des Paares, zwischen denen die Ehe geschlossen wird«, schreibt Lévi-Strauss klar und verständlich in seiner wohl bekanntesten Studie *Die elementaren Strukturen der Verwandtschaft*. Die Frauen bilden also keine gesonderte Gruppe, die für sich der männlichen Gruppe gegenübersteht; sie unterhalten keine direkte und eigenständige Beziehung zu den Männern. Seinesgleichen, nämlich der andere, zu dem man wechselseitige Beziehungen herstellt, ist für den Mann ausschließlich ein männliches Individuum. Der Dualitätskonflikt, in dem eine Gruppe von Männern mit einer anderen steht, bewirkt, daß die Frauen, als ihr wichtigstes Besitztum, zum Gegenstand der wechselseitigen »Gabe« werden.

Die Gabe ist für den Gebenden ein »Verzicht« auf etwas, das ihm gehört. Das Geben stellt einen wirkungsmächtigen Akt, ein Opfer dar, das einen Ablauf von Kräften in Gang setzt und einen gemeinsamen Ort der »Essenzen« ermöglicht. Unter diesem Aspekt betrachtet, ist der Tausch, wie bereits der Religionswissenschaftler Gerard van der Leeuw betont hat, eine Opferhandlung zwischen Männern. Die Braut fungiert als der zu opfernde Gegenstand, als ein wirkungsmächtiges Menschenopfer. Aus diesem Grunde vollzieht sich die »Gemeinschaft« zwischen den zwei Gruppen von Männern über die Frau: Ein »Menschenopfer« ist erforderlich. Diese Gemeinschaft wird durch die Vereinigung zweier »Essenzen«, eine mystische Teilhabe, unterstützt, die ihre konkrete Verwirklichung nur in einem direkten sexuellen Kontakt der Männer untereinander hätte. Die »Verlagerung« dieses Kontaktes auf eine Frau, die in der einen oder anderen Weise »mit dabei«

ist, weil sie entweder als Ehefrau oder als Tochter an der Sexualität des Mannes teilhat, weist auf den tatsächlichen Akt der Vereinigung der männlichen »Essenzen« durch den Samen hin und verbirgt diesen zugleich im Symbol. Doch in dem direkten Sexualkontakt der Männer untereinander würde das unverzichtbare Element fehlen: das Menschenopfer, die Opfergabe. Die Verachtung, die fast immer mit männlicher Homosexualität einhergeht, macht deutlich, daß die Vorstellung von sexuellem Besitz durch die von der Frau als Opfer überlagert ist. Der Mann, der beim Koitus von einem anderen Mann unterworfen wird, nimmt nicht nur weibliche Züge an, sondern auch die mit der Vorstellung von Weiblichkeit verbundene »Opferfähigkeit« – das Wesen der Frau als Opfer –, und anstatt das Subjekt der Handlung zu sein, wird er so zu ihrem Mittel und Objekt, was mit der Vorstellung von Männlichkeit unvereinbar ist.

Somit stehen wir wieder vor einem Phänomen, das wir bereits als ein wesentliches Charakteristikum des Judentums und des Christentums erkannt haben: die Fundierung der Kultur auf der männlichen Sexualität, da die Gegensätze Männlichkeit–Weiblichkeit, Macht–Ohnmacht auf Gott übertragen werden und ständig nach einem Menschenopfer, das Mittler sein könnte, gesucht wird. Mit anderen Worten stellt sich der Sachverhalt so dar: Im Judentum werden die Männer, als Bräute Gottes gewissermaßen, zu (Pseudo-)Frauen. Aber da sie nun einmal Männer sind, können sie nicht Vermittlungsmedium werden, d. h. selbst zu Opfern. Dies nämlich würde einen homosexuellen Kurzschluß mit Gott auslösen. Daher bringt man jeweils Ersatzopfer dar, die stets »weiblich«, weil minderwertig und den

Männern unterworfen, sind: die Kinder, die Sklaven, die Gefangenen, die Tiere. Selbstverständlich niemals die Frauen selbst, da sie bereits Opfer in der Ehe sind und einen Weiblichkeitsersatz nicht »darstellen« können, sind sie doch weiblich. Das ist der Grund, weshalb die Opfertiere männlichen Geschlechts sein müssen.

Umgekehrt werden im Christentum die bereits erlösten Männer wortwörtlich zu Gemahlinnen Gottes, sie verzichten auf die Ehe, auf sexuelle Betätigung sowie auf den Tausch der Frauen untereinander.

Für die Frauen aber, die ja nicht Subjekt des Geschlechtsaktes sein können, besteht nach wie vor das Problem, »Opfer« zu sein. Sie werden nun Gott von den Männern in einer echten Ehe zum Opfer dargebracht. Der Weiheritus der Jungfrauen und der Nonnen ist eine wirkliche Hochzeitszeremonie mit vollem Rechtscharakter, in der allmählich die Hauptbestandteile des römischen, germanischen und fränkischen Hochzeitsrituals Eingang finden; in der *velatio*, die der Verleihung des Palliums an die römische Braut entspricht, und in der *dextrarum iunctio*, wobei der Bischof an die Stelle des Bräutigams tritt, indem er der Braut den Ring über den Finger streift.

Das Jungfrauen-Opfer

Die christliche Jungfrau ist tatsächlich mit Christus vermählt, wie der ungezwungene Sprachgebrauch in diesem Zusammenhang bezeugt. Tertullian behauptet, daß sie Christus angetraut sei, und der heilige Ambrosius zögert nicht, als die Jungfrau Ambrosia Christus geweiht wird, von »ihrer Ehe« zu sprechen. Der heilige Hieronymus behandelt die Mutter einer Geweihten als »Schwiegermutter Gottes« und wendet die Gesetze, die die Ehe zwischen Mann und Frau regeln, auch auf die Ehe einer Jungfrau mit Christus an. Die Strafen, welche die dem wirklichen Ehemann untreu gewordenen Frauen treffen, sind auch den Jungfrauen auferlegt, die gegen ihr abgelegtes Gelübde verstoßen: Man behandelt sie entweder als Bigamistinnen oder Ehebrecherinnen und bestraft sie dementsprechend. Diese Ehewirklichkeit hat absonderliche Formen angenommen, die jedoch um so bezeichnender sind, wenn in den verschiedenen Zeremonien symbolisch eine Art »erster Nacht« zwischen dem Bischof und der Neugeweihten dargestellt wird, indem symbolisch ein Hochzeitsgemach hergerichtet wird und der Bischof sich mit großem Pomp für eine Nacht ins Kloster begibt, begleitet von einer Prozession, in der das gut verhüllte und festlich geschmückte Bett gezeigt wird, in dem er schlafen würde. Doch das augenfälligste Zeugnis für die Übergabe der eigenen Frauen an Gott durch die Männer ist die klösterliche Klausur und das Abschneiden der Haare. Es handelt sich hierbei um die beiden aussagekräftigsten Zeichen für den Verlust der Jungfräulichkeit in der Ehe und die Besitzergreifung durch den Mann. Sowohl bei den Juden als auch bei den Griechen schnitt man der Braut in der Hochzeitsnacht die Haare ab, um damit symbolisch die weibliche Sexualität vor der Entjungferung zu schwächen. Die Kraft dieser Symbolik ist auch im europäischen Kulturkreis des 20. Jahrhunderts noch so lebendig, daß wir sie in dem öffentlichen Haareabschneiden wiederentdecken können, dem während des Zweiten Weltkriegs die der Kollaboration mit dem Feind bezichtigten Frauen durch den jeweiligen Sieger unterworfen wurden. Es ist klar: Wenn eine Frau »Verrat begeht«, so tut sie dies auf sexuellem Gebiet, und ihre Verurteilung wird sie in ihrer sexuellen Identität treffen. Die symbolische Vergewaltigung durch das Abschneiden der Haare tritt an die Stelle der konkreten, wobei der Mann das Äußerste an Verachtung dadurch zum Ausdruck bringt, daß er sein Besitzrecht an der Frau nicht wahrnimmt.

Die geweihte Jungfrau wird also von Gott entjungfert, und die Rasur bezeugt die vollzogene Entjungferung. Wie alle verheirateten Frauen gehört sie nun nur noch ihrem Mann und darf sich niemandem mehr zeigen. Wenn die Klosterklausur dieses Verbot verabsolutiert, so nur deshalb, weil Gott ein Ehemann par excellence und eifersüchtiger als jeder andere Ehemann ist. Eine sexuelle Beziehung zu einer Nonne zu unterhalten, sollte deshalb das größte Sakrileg bedeuten. Aber die Logik, auf der alle diese Normen gründen, ist die Logik der Ehe, die von den Männern eingeführt und dem mächtigsten aller Männer zugeschrieben wird. Natürlich wird in der Weihe der Jungfrauen die Anspielung auf die Opferfähigkeit oder auch auf den Tod, worauf die Opfergabe der Frau in der Hochzeitsnacht vor allem hinweist, explizit, da man sich Gott ja nur im Opfer darbringen kann. Im Eheritual und folglich noch mehr im Weiheritus ist der Übergang in den Tod, die »Unterwerfung« des Opfers – auch dies ein Begriff mit sexueller Konnotation –, sehr deutlich. Das weiße Gewand, das bei der Initiation Tod und Wiedergeburt des Getauften symbolisiert, entfaltet auch in der Jungfrauenweihe, neben dem Schleier und dem Blütenkranz, dem Zeichen für den überirdischen Leib, seine ganze Wirksamkeit. In diesem Zusammenhang fällt auf, daß der Gelehrte und Literaturkritiker Pierre Fauchery, der zweifellos eine ganz andere Argumentation verfolgt als wir, einen Isomorphismus bezüglich des Rituals der klösterlichen Jungfrauenweihe und dem Tod gesehen hat. In der Abhandlung, die er *La destinée féminine dans le roman européen du dixhuitième siècle* genannt hat, betont Fauchery zu Recht, wie die Riten der Schleiernahme die Weihe, die eine neue Beziehung zum »Körper« begründet, bereichern, und zwar nicht, um den Körper für die letzte Bestimmung zur Geltung zu bringen wie in der Ehe, sondern um das Schwinden und die Sublimation seines Wesens anzuzeigen. Denn der Schleier »verfestigt oder löst die körperliche Masse, die er ehrt, indem er das Lebendige in eine übermenschliche Gestalthaftigkeit einschließt. Die Einstimmung auf dieses Moment bringt also notwendigerweise eine letzte ›Zurschaustellung‹ der Schönheit mit sich, die angesichts ihrer bevorstehenden Entkörperlichung so kostbar wird. Dies entspricht, wenn man so will, dem letzten Bild, das man von einem Menschen in sich aufnimmt, ehe er zu Grabe getragen wird.«

In Wirklichkeit ist der »Schleier« ein dichtes Gewebe von Bedeutungen, gerade weil er auf einen primären Schleier anspielt, auf die Vorhaut, die ein Vermögen zum Vorschein bringt, das sichtbar und unsichtbar zugleich ist, und die daher das Mysterium des Jenseits symbolisiert. Man bezeichnet die Heilige Schrift als »Offenbarung«. Die Wand, die bei den Juden das Allerheiligste bedeckt und verbirgt, ist ein »Schleier«. Der

weibliche Körper selbst läßt sich als Mittel der Offenbarung begreifen, weil für den Mann das Besitzen des
weiblichen Körpers »erkennen« bedeutet, d. h. eindrin-
gen ins Dunkel, ins Mysterium. Ein Schleier aus Mar-
mor ist die suggestivste Form des Grabschmucks, durch
den der Bildhauer auf die Schwere des »Fleisches« an-
spielen kann, die in die befreiende Leichtigkeit über-
führt ist. Schließlich ist es ein Schleier, der im Kloster-
chor die Nonnen von den Laien trennt und dadurch
symbolisch und konkret ihr Losgelöstsein vom profanen
Bereich und ihre Zugehörigkeit zur jenseitigen Welt her-
vorhebt.

Selbstverständlichkeit und Verdrängung der Homosexualität

So sind wir nun beim Mönchtum angelangt. Aber um
dieses Phänomen besser verstehen zu können, müssen
wir uns noch einmal dem Sexualleben der Juden zuwen-
den sowie zwei Gesellschaften, der römischen und der
griechischen, bei denen die Sexualität ganz anders gelebt und praktiziert wurde.

In der jüdischen Gesellschaft ist die Homosexualität
verboten (selbstverständlich die männliche, die weibliche hat keine Bedeutung, da sie die kulturellen Werte
nicht bedroht), und zwar aufs strengste, weil Gott selbst
das Verbot ausgesprochen hat. Der Grund dafür liegt
auf der Hand. Eine sexuelle Beziehung zu einem anderen Mann wäre Ehebruch gegenüber Gott, und somit
der Verrat schlechthin. Die Beziehung zu einer Frau
stellt keinen Ehebruch dar, denn sie ist keine »Bezie-

hung«. Eine wirkliche Beziehung ist nur diejenige, die den anderen als »Du« anerkannt. Der Jude ist das »Du« Gottes, oder besser gesagt: Gott ist das »Du« des Mannes. Die Frau ist niemals ein »Du«. Die Ehefrau wird »Haus« genannt. Im Besitz des Juden ist sie ein Gegenstand unter anderen. Der Dekalog macht dies deutlich: »Du sollst nicht nach der Frau deines Nächsten verlangen« und »Du sollst nicht nach dem Haus deines Nächsten verlangen« (Ex 20,17) drücken den gleichen Sachverhalt aus. Wenn im Evangelium Christus vom Kreuz herab spricht: »Siehe, deine Mutter!«, schließt der Evangelist: »und von jener Stunde an nahm sie der Jünger zu sich« (Joh 19,27). Die Jerusalemer Bibel übersetzt »zu sich« als eine Abschwächung des Begriffs »Besitz«, was jedoch das griechische *idios* ausschließlich meint und genau der rechtlichen Stellung der jüdischen Frau entspricht: Das Haus und alles, was darin ist, gehört dem Mann, der dessen Herr ist.

Im Christentum geht, wie wir gesehen haben, mit der vollzogenen »Erlösung« die vollzogene Ehe mit Gott einher. Christus wird der Bräutigam. Die Kirche oder auch die Gemeinschaft der Erlösten wird die Braut. In diesem Bedeutungskontext ereignet sich die Begegnung mit zwei Gesellschaften, in denen die homosexuelle Beziehung ausdrücklich praktiziert und für den Wert des Mannes als unverzichtbar erachtet wird. Manche meinen, daß es sich um eine Initiationspädagogik handelte. Aber von der Dauer dieser Erziehung, die sich über etliche Jahre erstreckte, ganz abgesehen, ist erst einmal das Verbot, den eigenen Geschlechtsgenossen als Sexualobjekt anzusehen, aufgehoben, und so ist es fast unvermeidlich, daß dies zu einer allgemeinen Gewohnheit wird.

Wenn die Historiker solange gebraucht haben, um die Existenz der Homosexualität bei den Griechen und Römern, wie übrigens auch bei den Kelten hervorzuheben, so gerade wegen der Selbstverständlichkeit, mit der sie sich im kulturellen Kontext darstellte. Allerdings ist die Zensur um so stärker gewesen, weil sie unbewußt war. Eben deshalb wird die unterschwellige Homosexualität bei den Juden, im Unterschied zu der ausdrücklich gebilligten bei den Griechen und Römern, verleugnet und verdrängt, ja sie darf nicht einmal erörtert werden. Das Schweigen wird notwendigerweise zur einzigen Verteidigung; Schweigen vor allem sich selbst gegenüber. Viele Jahrhunderte hindurch besteht das Verbot, über Homosexualität zu reden, obwohl sie doch verurteilt ist. In der Predigt wird sie erst dann in den Vordergrund treten, wenn man sie nicht mehr verschweigen können wird, d. h., wenn infolge des Humanismus und der Renaissance die ersten Schritte zu einer Befreiung von Gott gemacht sein werden. Aber gerade die Heftigkeit, mit der man die Homosexualität verurteilt, zeugt von der Angst und der Furcht, die sie entfesselt. Es würde genügen, an den Prozeß gegen die Templer zu erinnern, aber vielleicht ist die Volkspredigt bezeichnender. In den Predigten des Bernhard von Siena kommt der Haß auf die »Sodomiten« fast dem gegen die Frauen gleich: Mit erschütterndem Eifer hetzt er, daß man sie auf den Scheiterhaufen bringen solle. Wir wissen bereits, was das bedeutet. »Logischer-« und »gerechterweise« wird der Homosexuelle als Ketzer oder auch als »Verräter«, als »Ehebrecher« gegenüber Gott betrachtet. Wie alle anderen Ketzer muß er daher den Scheiterhaufen besteigen. Während des Prozesses sollte auch Girolamo

Savonarola einer geschlechtlichen Inspektion unterworfen werden; man wollte sich vergewissern, daß er keine homosexuellen Beziehungen unterhalten hatte. Und doch war er ein erbitterter Prediger gegen die Homosexualität gewesen. Als Savonarola wegen Ketzerei zum Tode verurteilt wurde, soll einer seiner Richter ausgerufen haben: »Endlich wird man der Sodomie nachgehen können!« Tatsächlich ist es die insgeheim ersehnte und unterdrückte Homosexualität, die die gesamte Epoche des aufkommenden Humanismus belebt und erschüttert, mit der immer deutlicheren Ambivalenz gegenüber den Frauen, die den einsetzenden Umsturz der kulturellen Wertordnung bezeugt.

Unter diesem Gesichtspunkt können wir die europäische Geschichte als in zwei große Zeiträume unterteilt betrachten. Von den ersten nachchristlichen Jahrhunderten bis ungefähr um 1100 führt die vollzogene Vermählung mit Gott dazu, daß man das Ende der Welt für unmittelbar bevorstehend ansieht und gleichzeitig mit der Begegnung mit der griechisch-römischen Welt das aufflackernde Bewußtsein von Homosexualität unterdrückt. Wenn der Jude heiraten konnte, ohne dabei Gott zu betrügen, so kann der Christ, als Gemahlin Gottes, endlich auf die Frauen verzichten. Er soll jedoch gänzlich auf sexuelle Betätigung verzichten. Als Folge davon organisiert man die totale Trennung der Geschlechter. Es ist dies die Geburtsstunde der geweihten Jungfräulichkeit und der Klöster.

In der riesigen historischen Bibliographie zum Mönchtum findet sich praktisch kein Hinweis auf die »Fremdheit« dieser männlichen Welt, die vor den Frauen unübersteigbare Mauern aufrichtet und nur mit eigenen

Geschlechtsgenossen zu leben verlangt. Aber das macht ja gerade die Realität eines Klosters aus. Die Mönche beschließen, bis zum Tod in einem Verhältnis von »Vertrautheit« zusammenzuleben, die das Äußerste an physischer Nähe einschließt: gemeinschaftliches Essen, Schlafen, Arbeiten, Beten. Die Körperlichkeit dieser Beziehung ist intensiv und schließt die Welt aus. Die Sexualität wird weniger verboten denn verleugnet. Aber nur wer sich als sexuell bestimmtes Individuum annimmt, kann in Gemeinschaft leben wollen. Die Mönche verwirklichen daher das Ideal, gemeinsam der Harem Gottes zu sein. In der Gemeinschaft mit Gott realisieren sie auch die Gemeinschaft untereinander. Man soll nicht meinen, daß es sich hierbei um eine elitäre Erscheinung handelt. Das Mönchtum wird zu einer grundlegenden Organisationsstruktur der Gesellschaft und zur führenden Schicht auf allen Gebieten des Lebens. In dieser Eigenschaft sendet das Mönchtum eine Botschaft aus, die das kulturelle Geflecht prägt und der Vermeidung der Frauen und der Ablehnung der Sexualität ausdrücklichen Sinn gibt. Tatsächlich wird die Familie zu einem untergeordneten Wert, und auf jeden Fall entspricht sie nur der Notwendigkeit der Fortpflanzung und nicht dem sexuellen Verlangen. Der Mönch überragt hinsichtlich des Ansehens und der sozialen Rangstufe alle mittelalterlichen Stände und kann sich erlauben, das zu tun, was kein anderer tut: Er bestellt den Boden, baut Brücken, Straßen, Klöster und stellt Verbände für den Krieg und für die Fürsorge der Kranken und Armen zusammen. Es handelt sich hierbei um Arbeiten, die man bis dahin Sklaven, Dienern, den untersten Gesellschaftsschichten überlassen hatte. Mit der allgemeinen Akzeptanz der Geschlechtertrennung und der totalen Ablehnung der Frauen bilden sich neue gesellschaftliche Abgrenzungen heraus, d. h. neue Grenzen zwischen dem, was befleckt, und dem, was rein ist. Da der Mönch selbst frei ist von jeder Möglichkeit, durch Sexualität befleckt zu werden, bearbeitet er die Erde ohne weitere Furcht vor der fruchtbaren Weiblichkeit eben dieser Erde, denn er selbst ist die einzig wahre Frau, die Braut Gottes. Er stellt militärische und krankenpflegerische Verbände auf, weil nunmehr nur er der Verteidiger Gottes, des göttlichen »Körpers«, ist: Kein anderer Körper kann ihm etwas anhaben, weder das Blut der heidnischen und ungläubigen Feinde noch die Körper der Verletzten und Kranken. Mit eigenen Händen baut er Brücken, Straßen und Kirchen, weil es keine Trennung mehr zwischen niedriger und geistiger Arbeit gibt, wenn die Vorstellung von der körperlichen Befleckung hinfällig geworden ist. »Dem Reinen ist alles rein« ist eine Bekräftigung, die gerade dann gilt, wenn die Sexualität ausgeschlossen ist. Dies war der Gedankengang des heiligen Paulus. Um diesen Gedanken zu verstehen, muß man ihn nur in seiner unmittelbaren Bedeutung nehmen. Die Mönche sind hierfür der konkreteste Beweis.

Doch die Schlacht gegen die Homosexualität ist viel härter als diejenige gegen die Frauen. Es häufen sich in diesen Jahrhunderten die verzweifeltsten Formen im Kampf gegen den Sexus. Die Entmannung des Origines ist nur eine Begleiterscheinung dieses Kampfes, auch wenn ihre Bedeutung sehr klar ist. Der Eunuch ist das Analogon der Frau, sich entmannen, bedeutet die äußerste Annäherung des Mannes an das Bild der weiblichen Sexualität.

Nach und nach verfällt das Mönchtum. Die Beziehung zu den Frauen taucht wieder auf, auch wenn sie eigentlich noch verboten ist. Der Kontakt der Christen mit den Ländern des Ostens, wo die Homosexualität, zumindest die mit Jugendlichen praktizierte, ungestört neben der Polygamie besteht, führt zu unauffälligeren Formen des sexuellen Erlebens, während der religiöse Eifer schwindet. Das Christentum ist nun Bestandteil der politischen, ökonomischen und staatlichen Gemeinschaft. Wenn die Kämpfe zwischen dem Ost- und dem Westreich in seinem Namen geführt werden, so gerade weil es keinen Unterschied zwischen profaner und geistlicher Gesellschaft mehr gibt. Man verachtet die Frauen auch weiterhin, so wie es immer geschah. Aber sie werden nicht mehr verfolgt. Das Kloster wird zum sozialen Ort par excellence, wo die Mädchen aus guter Familie bis zum Augenblick ihrer Verheiratung mit einem vom Vater ausgewählten Mann eine Erziehung genießen; andernfalls werden sie ihr ganzes Leben dort verbringen und dabei in der Klosterhierarchie aufsteigen, wenn es das wirtschaftliche Interesse der Familie so bestimmen sollte. Ihr Wille zählt nicht, so wenig wie er in der jüdischen, der griechischen und der römischen Gesellschaft zählte.

Die Ankunft des »Kindes«

Die Diskussionen über die Rolle der Mutter Jesu, Maria, haben früh eingesetzt, aber während dieses ganzen langen Zeitraums bleiben sie auf ein einziges Problem gerichtet: Ist sie die Mutter des Menschen Jesu, oder ist sie auch die Mutter des Gottessohnes Jesu? Anscheinend hat Origines im 3. Jahrhundert als erster den Begriff »Muttergottes« (Theotókos) geprägt, als er den Brief des heiligen Paulus an die Römer kommentierte. Es handelt sich um eine berühmt gewordene Benennung, die hauptsächlich in der Ostkirche gebräuchlich war. Die Verbreitung dieses Begriffs gab jedoch einer Reihe von Streitfragen Raum, bis im Jahre 431 auf dem Konzil von Ephesos die göttliche Mutterschaft Marias zum Glaubensdogma erhoben wurde.

Die Gründe für diese Beharrlichkeit waren nicht unerheblich und betrafen nicht die Person Marias. Vielmehr konzentrierte sich das Problem auf die Göttlichkeit des »Fleisches« Jesu. Überflüssig anzumerken, daß, wenn man sich auf theologische Argumente einläßt, man unvermeidlich in eine endlose Spirale von Widersprüchen hineingezogen wird, deren Auflösung unleugbar Aufgabe der Theologie selbst ist. Im Falle Jesu, des Gottessohnes, hatte die menschliche Logik sogleich an der »Endlichkeit« des menschlichen Körpers Anstoß genommen, der geboren wird, sich entwickelt und stirbt, und die Antwort wurde in der naivsten aller Lösungen gefunden: In Christus gibt es zwei »Söhne«, den einen, der bereits vor Erschaffung der Welt lebte, und den anderen, der lebt, nachdem er »Fleisch geworden ist« durch die Jungfrau. Sofort verworfen, weil sie die Behauptung der Göttlichkeit Jesu gefährdete, wurde diese Theorie in die von der »doppelten Natur«, von der nebeneinander bestehenden göttlichen und menschlichen Natur Jesu transformiert. Das Problem der »Zeit« löste man folgendermaßen: »Wir glauben an Jesus Christus, der in jüngster Zeit vom Himmel herabgestiegen ist und Fleisch wurde durch den Heiligen Geist und durch die ewig jungfräuliche Mutter Gottes Maria und Mensch wurde« (vorephesisches Symbol).

Wie man sieht, handelte es sich um ein christologisches Problem. Aber von hier nimmt das immense Kulturgebäude seinen Anfang, das den Namen »Madonna« trägt. Im übrigen ist es nicht ohne Bedeutung, daß man sich in diesen Jahrhunderten eine Frau nur in ihrer Eigenschaft als Mutter vorstellte, auch wenn ihr bereits das Epitheton Jungfrau beigegeben war. Wie wir sehen werden, ergab sich das Bemühen, sie stets auch als Jungfrau kenntlich zu machen, aus der Notwendigkeit, die Göttlichkeit Jesu als Sohn Gottes mittels der Befruchtung durch den Heiligen Geist zu behaupten, und folglich war auch das ein christologisches Problem. Aber lassen wir fürs erste die Diskussion um die Jungfräulichkeit beiseite, wichtig ist es zu betonen, daß die Christen, indem sie Maria als Mutter betrachten, sie ruhigen Gewissens als Frau vergessen können. Unter diesem Aspekt kommt sogar dem Umstand Bedeutung zu, daß es Origines gewesen ist, der als erster von ihr als von der Muttergottes sprach. Wenn man die Beziehung zu den Frauen dadurch leugnet, daß man sich selbst um die Ausübung der Sexualität bringt, kann nur eine Gestalt der Frau bestehen: die der Mutter. Aber vor allem ermöglicht das Bild von Maria als Mutter die vollständige Konzentration auf das Kind. Dies ist das eigentlich Neue, das das Christentum gebracht hat. Die Notwendigkeit zu beweisen, daß Jesus ein »Sohn« ist, führt unvermeidlich dazu, von ihm als einem »Kind« zu sprechen. Nur solange man Kind ist, ist man auch Sohn. Der

Vorrang, den Geburt und Kindheit Jesu in den *Evange-lien* haben, hängt genau damit zusammen: sein Wesen als »Fleisch«, seine wirkliche Menschennatur zu bewei-sen, obwohl er Gott ist.

Eben dieser Logik leistet die Ikonographie der ersten Jahrhunderte Folge. Die Theologen haben hierin die Be-stätigung für eine Verehrung und einen originären Kult der Maria als Muttergottes gesehen, aber es handelt sich dabei um einen falschen Blickwinkel. Es ist nicht die Ikonographie der Muttergottes Maria, sondern die Iko-nographie des Jesuskindes. Andererseits, wie kann man sich ein Kleinkind anders vorstellen als in den Armen der Mutter? Das Kind als Person hat es bis heute prak-tisch nicht gegeben, eben weil es verdeckt wird von der Rolle des »Sohnes«. Die Künstler waren lange Zeit nicht imstande, die Züge eines Kindes zu gestalten, das statt dessen auf eine plumpe Weise als kleiner Erwachsener dargestellt wurde. Es ist folglich das Kind als Sohn, das die Aufmerksamkeit auf sich zieht: Die Frau, die es trägt, ist unverzichtbares Beiwerk, das nur seine menschliche Geburt bezeugt. Schon die Tatsache, daß es im Arm liegend oder auf den Knien sitzend abgebildet wird, ist ein Beweis für die Absicht, den Akzent auf das Kind zu legen; wird doch nach orientalischem Brauch das Kind in Wirklichkeit vielmehr auf dem Rücken ge-tragen. Es ist also nicht »Die göttliche Mutter mit dem Sohn«, sondern »Der Gottessohn mit der Mutter«. Die Auseinandersetzung über die *Theotókos* ist, wie wir gese-hen haben, eine Auseinandersetzung über den Sohn, und darauf beziehen sich die Bildunterschriften, die häufig das Bild von Maria mit dem Jesuskind begleiten. Umgekehrt stellt sich nach dem Jahre 1000 das Problem der Frau im Verhältnis zu dem neuen Bewußtsein von Sexualität auf dramatische Weise. Es sollte daraus auch ein neues Verhältnis zur Gestalt der Maria erwachsen, die dann zur »Madonna« wird. Dieses ist das zweite Zeitalter, in dem wir noch immer leben.

2. Kapitel
Eine jüdische Frau

Die *Evangelien* berichten nicht viel über Maria, die Mutter Jesu. Aber auch bei den wenigen Aussagen muß man unterscheiden zwischen solchen, die ausschließlich dem Nachweis der Göttlichkeit Jesu dienen, und denen, die das Verhältnis zu seiner Mutter betreffen, wie es in ihren Gesprächen bezeugt ist. Wenn wir uns an diese halten, können wir das Leben Marias gemäß den Normen der jüdischen Gesellschaft jener Zeit rekonstruieren und zumindest einiges mit einer gewissen Wahrscheinlichkeit in Erfahrung bringen.

Angesichts der Tatsache, daß für Mädchen die Verlobung vorgesehen war, wenn sie das Alter von zwölf Jahren erreicht hatten (für die männlichen Jugendlichen galt das Alter von dreizehn Jahren), datiert man die Geburt Marias ungefähr auf das Jahr 20 v. Chr. Damals stand Palästina bereits seit langem unter römischer Herrschaft, doch hatten die Juden das Recht, ganz nach ihren Bräuchen zu leben. Die Geburt eines Mädchens war kein Grund zum Jubel. Als wirkliches »Kind« galt allein der Junge. Über die Eltern Marias wissen wir nichts (Anna und Joachim verdanken ihre Existenz den nachträglichen Phantastereien der Gläubigen). Aber aufgrund ihrer Ehe mit dem Handwerker Joseph dürfen wir annehmen, daß sie von bescheidenem Stande waren.

Der Name »Maria« war sehr gebräuchlich. Der Vater hat ihn ihr wahrscheinlich bereits am Tag der Geburt gegeben, während den Jungen der Name erst nach acht Tagen bei der Beschneidung feierlich verliehen wurde. Die Entbindung hat, wenn das Neugeborene männlichen Geschlechts ist, eine 40-tägige Unreinheit zur Folge, wird jedoch ein Mädchen geboren, so dauert sie 80 Tage. Um sich zu reinigen, opfert daher die Mutter, wenn sie arm ist, ein Paar Tauben im Tempel. So wird es auch die Mutter Marias gehalten haben.

Die Erziehung eines Mädchens vollzieht sich im Haus, wo es die Arbeiten zu verrichten lernt, die ihm obliegen: Es hat für das notwendige Wasser zu sorgen, das aus dem Brunnen geschöpft werden muß, Korn zu mahlen, Fladenbrot zu backen, Gemüse zu kochen und die für die Gewänder und Decken unentbehrlichen Stoffe zu weben. Eine Erziehung geistiger Art ist für die Frau nicht vorgesehen. Auswendig lernt sie das Gebet der 18 Seligpreisungen, das sie täglich sprechen muß, und falls sie Zeit hat, hört sie zu, wenn der Vater zu Hause berichtet, was in der Synagoge gesprochen worden ist. Ihre religiösen Pflichten stehen vor allem mit ihrer Unreinheit in Zusammenhang; ein Zustand, der aus den Frauen eine abgesonderte Gruppe macht. Tatsächlich ist das Haus durch einen Vorhang unterteilt, der den für die Frauen vorbehaltenen Raum abgrenzt; sie dürfen mit den Männern weder gemeinsam essen, noch von sich aus das Wort an sie richten. Neben dieser alltäglichen Meidung gibt es noch besondere Phasen, in denen die Frau wegen ihrer Blutungen als unrein gemieden wird: während der Menstruation und des Wochenbetts. Zieht man das durchschnittliche Lebensalter der

Frauen im Altertum von 30 Jahren in Betracht, dann begreift man, daß es unmöglich gewesen sein muß, sich nicht dauernd für unrein zu halten. Und wirklich hebt erst die Menopause diese Ächtung auf. Hinzuzufügen ist noch der Geschlechtsakt, der auch den Mann in den Zustand der Unreinheit versetzt, der aber für die Frauen in die Perioden der Reinheit fällt, da Sexualkontakte während des Zyklus verboten sind. Bei all dem handelt es sich um ein Gefängnis, das nicht nur das konkrete Leben, sondern auch die Würde des Denkens und des Willens unterdrückt. Die Unreinheit aufgrund des Geschlechts ist die Verurteilung für das, *was man ist:* minderwertig per definitionem von Geburt an.

Der Vater ist der absolute Herr, und ihm schuldet man totalen Gehorsam. Wird das Mädchen verheiratet, dann tritt an die Stelle der väterlichen Autorität die des Ehemannes. So steht die jüdische Frau praktisch immer unter der Vormundschaft eines Mannes. Wenn sie als Witwe zurückbleibt und keine Söhne hat, ist sie aufgrund des Leviratsgesetzes verpflichtet, einen Bruder ihres Mannes zu heiraten. Hat sie hingegen Söhne, so bleibt sie unter der Vormundschaft des ältesten Sohnes. In seinen Grundzügen zumindest ist das Leben Marias von diesen Normen bestimmt gewesen, und gerade ihre Furcht, diese nicht angemessen zu beachten, scheint für den Konflikt mit Jesus ursächlich gewesen zu sein. Angesichts der Konditionierung, über die wir gesprochen haben, ist diese Furcht begreiflich, aber die Ungeduld Jesu ihr gegenüber macht deutlich, wie viele Anstrengungen er vergebens unternommen haben muß, um sie zu einem freien und selbstbestimmten Menschen zu machen.

Das Zerreißen der Blutsbande

Die erste Episode, in der sich die Unduldsamkeit Jesu zeigt, ist uns als »Jesus unter den Schriftgelehrten« überliefert. Maria und Joseph begeben sich mit dem zwölfjährigen Jesus nach Jerusalem, um das Passahfest zu begehen. Als man wieder nach Hause aufbricht, bleibt Jesus jedoch heimlich in Jerusalem zurück, was nicht schwierig gewesen sein dürfte, da man damals in einer einzigen großen Karawane reiste. In der Annahme, er befinde sich unter den Reisenden, gehen die Eltern einen Tag lang weiter und suchen ihn dann bei den Verwandten und Freunden. Schließlich kehren sie nach Jerusalem zurück und finden ihn im Tempel, wie er den Schriftgelehrten zuhört und ihnen Fragen stellt. Maria ist angesichts einer solchen Auflehnung nicht nur verletzt, sondern auch überrascht und verwirrt. Das Kind, insbesondere der Sohn, schuldet dem Vater größten Respekt und darf nichts ohne dessen Erlaubnis tun. Wenn Jesus ihnen den Schmerz zugefügt hat, indem er zurückblieb, ohne sie darauf aufmerksam zu machen, so wohl deshalb, weil er sicher war, nicht die Erlaubnis dafür zu erhalten. Daher sagt Maria zu ihm: »Kind, wie konntest du uns das antun? Dein Vater und ich haben dich voll Angst gesucht.« (Luk 2,48) Gemäß dem sprachlichen Anstand nennt sie den Vater zuerst. Jesus aber antwortet: »Warum habt ihr mich gesucht? Wußtet ihr nicht, daß ich in dem sein muß, was meinem Vater gehört?« (Luk 2,49) Es fällt kein Wort der Entschuldigung oder des Verständnisses für ihre Angst, sondern im Gegenteil ein Vorwurf, von dem auf viele vorausgegangene Auseinandersetzungen geschlossen werden muß. Dieses »wußtet ihr nicht?« ist dafür ein beredter Beweis.

Aber diese Episode löst noch viele andere Betrachtungen aus. Daß Maria es ist, die da spricht, und nicht Joseph, was normal gewesen wäre, läßt mehr Stärke und Widerstand seitens der Mutter vermuten. Es ist der Widerstand gegen die radikale Auflehnung, mit der Jesus den Blutsbanden und der Hierarchie begegnet, welche aufgrund des Gesetzes aufrechterhalten werden, d. h. durch die Gesellschaft, denn im Judentum umfaßt das Gesetz sowohl das religiöse als auch das weltliche Leben. Die Sicherheit, mit der Jesus sagt »wußtet ihr nicht?«, läßt vermuten, daß er, ehe er sich unmittelbar an die Gelehrten im Tempel wandte, in der Familie schon dargelegt hatte, was er von den Verwandtschaftsstrukturen hielt – Strukturen, die die Bedeutungen und Werte gegenüber Gott und in Folge davon gegenüber der ganzen Gesellschaft stützten. Die Voraussetzung für die Bedeutung des »Blutes« ist die Erbsünde durch die Zeugung. Der »Sohn von jemandem« zu sein, ist grundlegend für die Identität als »Jude«, weil darin das ganze Verhältnis des Menschen zu Gott begründet liegt – des Menschen, der zuerst auserwählt, dann durch Verrat schuldig geworden und, mystisch wie auch konkret über eine ununterbrochene Genealogie, die idealiter zurückreicht bis zu den Anfängen der »Geschichte«, der Schöpfung und dem Ungehorsam Adams, an das eigene Volk gebunden ist. Man trifft hier erneut auf jenen ersten Ursprung: die sexuelle Vereinigung, die Ehe zwischen Gott und Israel. Durch die Beziehung des Fleisches, durch »Fleisch und Blut« wird der Jude zum Juden, zum Erben der Auserwähltheit und Verfluchung durch Gott.

Aus diesem Grunde sind die Blutsbande so bedeutsam: Durch die Fortpflanzung offenbart Gott seine Liebe und seinen Haß, indem er viele Kinder oder Unfruchtbarkeit schenkt, und schließlich dadurch, daß er jemanden geboren werden läßt, der imstande sein wird, den Kreislauf der biologischen Vererbung der Schuld zu beenden, indem er die Bedingung der ursprünglichen Glückseligkeit wiederherstellt und den Tod ein für allemal verbannt.

Diesen Kreislauf zu unterbrechen, wird zum zentralen Anliegen des Wirkens Jesu, einem der sozialen Ordnung radikal entgegengesetzten Wirken, das deshalb nicht nur den Zeitgenossen, sondern auch, wie die Geschichte gezeigt hat, allen, die nach ihm kamen, unverständlich blieb. In der Tat hat Jesus versucht, die tragenden Strukturen des Judentums in ihrem Fundament zu zerstören, indem er ihre Sinnentleertheit behauptet hat, da der Kreislauf nun vollendet war. Obwohl es als ein Widerspruch erscheinen könnte, war es gerade diese Behauptung, die seine Zeitgenossen bestürzte und die in keiner Weise akzeptiert werden konnte. Eine Kultur stützt sich stets auf ein Geflecht von Bedeutungen und Werten, die in einer »Richtung des Bewußtseins« zusammengehalten werden. Die jüdische Kultur war in einer genau bestimmten Richtung des Bewußtseins verankert: in der Erwartung. Die Kraft der Wiederholung kommt in der zwingenden Form des jüdischen Rituals zum Ausdruck, das eine Änderung des Vorgeschriebenen nur dann erlaubt, wenn diese, gewissermaßen systemimmanent, noch genauere und getreuere Formen des Zusammenhalts zur Folge hat. Aber diese Wiederholung, die nur in der Hervorbringung zahlreicher

Nachkommen Hoffnungs- und Lebensmöglichkeiten sieht, um sich sozusagen selbst zu perpetuieren, *ist* die jüdische Kultur. Warten ist Leben. Folglich konnte das, was Jesus vorschlug, nicht angenommen werden, da es nicht bloß eine Änderung bedeutete, sondern das Ende. Im übrigen sahen sich auch die Christen der unwiderlegbaren Logik dieser Kultur konfrontiert, die, weil sie nicht begriffen hatten, daß Jesus eine neue Kultur gebracht hatte, sich im Bereich der alten Strukturen bewegten und deshalb von Zeit zu Zeit meinen mußten, das Ende der Welt sei nahe.

Es ist nicht ohne Bedeutung, daß sich die Episode von der Flucht Jesu ereignet hat, als er das Alter von zwölf Jahren erreicht hatte. Nach dem Gesetz kann ein dreizehnjähriger Knabe heiraten, auch wenn er gewöhnlich bis zum Alter von 18 Jahren auf den Vollzug der Ehe warten muß. Es handelt sich aber um ein Alter, in dem man als reif galt, sich in die Gesellschaft einzufügen. In der Episode von Jerusalem erbringt Jesus den Beweis für diese Reife. Die Evangelisten berichten hingegen, daß er mit den Seinen nach Hause zurückkehrte und ihrer Autorität weiterhin unterworfen blieb. Sein Verhalten erlebt hier also eine erste Zäsur. Wahrscheinlich muß man davon ausgehen, daß jene Auseinandersetzung mit den Priestern ebenso fruchtlos war wie die mit seinen Eltern und daß ihm nichts anderes übrigblieb, als aufzugeben. Die Tatsache, daß Jesus erst mit 30 Jahren wieder an die Öffentlichkeit tritt, bezeugt in der Tat seinen Verzicht auf gesellschaftsveränderndes Handeln, während er sich selbst eine totale persönliche Handlungsfreiheit vorbehält.

Ein unverheirateter Jude

Die durchschnittliche Lebenserwartung eines Juden (wie mehr oder weniger der Menschen des Altertums allgemein) lag bei 35 Jahren. Im Hinblick auf diesen Entwicklungsbogen kann man das frühzeitige Heiratsalter, das man mit der Pubertät zusammenfallen ließ, verstehen. Die Evangelisten sind bestrebt, die Aufmerksamkeit von diesem Aspekt des Lebens Jesu abzulenken, wenn sie von seiner Rückkehr nach Nazareth, wo er bei seinen Eltern lebt, erzählen. Die Zeitspanne von 13 bis 30 umfaßt das gesamte Leben als Erwachsener, von dem uns nichts berichtet wird, weil es im Widerspruch zur Norm steht. Da er nicht heiratet, bleibt er in der Familie und wird erst mit dem Tode Josephs deren Oberhaupt. Es scheint sicher zu sein, daß Jesus unverheiratet war, vor allem deshalb, weil in den *Evangelien* weder von einer Ehefrau noch von Kindern die Rede ist, während mehrmals andere Verwandte erwähnt werden: die Mutter, der Vater, die Brüder (oder Vettern), deren Verwandtschaftsgrad nicht genau bestimmt wird. Ein zweiter Grund, der nahelegt, daß Jesus nicht verheiratet war, besteht gerade in der tätigen Gegenwart der Mutter als Witwe, die unter der Vormundschaft des Erstgeborenen blieb. Nach Josephs Tod mußte Maria natürlich bei Jesus leben. Aber in einer Familie, in der es eine Ehefrau und Kinder gibt, fällt die häusliche Autorität (abgesehen freilich von der des Mannes, des Familienoberhauptes) der Ehefrau zu. Wenn also Maria sich die Initiative herausnimmt, wie z. B. bei der Hochzeit zu Kanaan, oder wenn sie ihn gemeinsam mit Verwandten aufsucht, während er predigt, kann man daraus folgern, daß es keine andere weibliche Autorität gab. Nebenbei gesagt, hätten die Kinder des 30-jährigen Jesus aufgrund des frühen Heiratsalters bereits ihrerseits mündig sein und, wenn es Männer gewesen wären, in der Rangordnung höher stehen müssen als Maria.

In Anbetracht der Notwendigkeit, Kinder hervorzubringen, worüber wir bereits gesprochen haben, war es für einen Juden undenkbar, nicht zu heiraten. In den wenigen Fällen, in denen dies doch geschah, waren schwere Krankheiten wie Lepra, körperliche Mißbildungen oder Impotenz die Ursache. Es handelte sich um ein von Gott verhängtes Unglück, dessen man sich schämte. Die meisten Kommentatoren beriefen sich auf die Keuschheit der Essener und anderer asketischer Gruppen, die es zu Lebzeiten Jesu gab. Auch wenn Jesus aufgrund eines bestimmten Weiherituals auf die Ehe verzichtet hätte, bliebe es unverständlich, warum die Evangelisten dies nicht hervorgehoben haben. Es scheint hingegen klar zu sein, daß sie es, auch ohne zu lügen, vermieden, auf einen derart anormalen und beschämenden Zustand, d. h. den der Kinderlosigkeit, hinzuweisen. Kehren wir zum Ausgangspunkt unserer Argumentation zurück, so müssen wir annehmen, daß es mit den Eltern und nach Josephs Tod vor allem mit Maria heftigste Auseinandersetzungen wegen seines Verhaltens gegeben haben muß – ein gegen Gesetz und Brauchtum aufbegehrendes Verhalten, das in der Familie schwerlich zu akzeptieren und in den Augen der Gesellschaft empörend war.

Doch wie kann man die Nutzlosigkeit der Blutsbande nachhaltiger beweisen als durch den Verzicht auf sie? Wie könnte man sich sonst die Heftigkeit erklären, mit der Jesus dem jungen Mann antwortet, der ihn bittet, das Begräbnis des Vaters besorgen zu dürfen, wenn er nicht selbst von dem, was er verkündete, überzeugt gewesen wäre? »Laß die Toten ihre Toten begraben« ist eine schreckliche und gotteslästerliche Aufforderung. Ihm, dem Sohn, fällt es zu, dem Vater sofort nach Eintritt des Todes die Augen zu schließen, ihn zu entkleiden und eingehüllt in ein Leintuch in die Erde zu legen. Ihm fällt es zu, eine ganze Woche lang Sterbegesänge auszurichten, die nur in seiner Gegenwart stattfinden dürfen. Ihm fällt es zu, sich das Hemd und das Oberteil seiner Kleidung in Stücke zu reißen, bis er nackt dasteht, und in den sieben Tagen der mit der Trauer einhergehenden Unreinheit das Haus nicht zu verlassen. Es handelt sich hierbei um Pflichten, die nicht nur Religion und Moral gebieten, sondern vom Gesetz strengstens vorgeschrieben sind. Indem Jesus diesen jungen Mann auffordert, sie nicht zu befolgen, stiftet er ihn an, eine der stärksten Normen zu brechen: die Achtung des Sohnes gegenüber dem Vater und die Achtung des Totenrituals. Es hat also keinen Wert, Sohn zu sein, so daß jemand, der ein Ritual aufgrund der Verwandtschaftsbande erfüllt, ein »Toter« ist. Von den uns überlieferten Episoden ist diese eine der traumatischsten und empörendsten, die Zeugnis ablegt von der absoluten Mißachtung Jesu gegenüber den religiösen Werthaltungen, die dem Verhältnis der Menschen untereinander zugrunde liegen.

Konflikte mit dem Sohn

Wir können demnach annehmen, daß Jesus vor allen Dingen in seiner Familie und besonders mit seiner Mutter, bei der er lebte, über die neue Art, wie die Verwandtschaftsbeziehungen zu verstehen seien, gesprochen hat: Man ist Sohn und Bruder, wenn man sich den Willen Gottes zu eigen macht und wenn man sich liebt. Aber sich lieben bedeutet, erlöst zu sein, die Reinigungsvorschriften aufzugeben, um zu erkennen, daß nur das, was im Menschen selbst ist, ihn beflecken kann. Denen, die kommen, um ihn zu rufen, weil seine Mutter und seine Brüder mit ihm sprechen müssen, antwortet Jesus noch einmal sehr heftig: »Wer ist meine Mutter und wer sind meine Brüder?« (Matth 12,48) In einem kurzen Wortwechsel mit einer Frau, die ihn predigen gehört hat und in ihrer Begeisterung das sagt, was alle Mütter geneigt sind zu sagen: »Glücklich der Schoß, der dich getragen, und die Brüste, die dich gesäugt haben«, antwortet Jesus: »Glücklich sind vielmehr diejenigen, die das Wort Gottes hören und danach leben.«

Man ist demnach Gottes Sohn, wenn man ihm gleicht und ihn liebt, man ist Bruder, wenn man sich in der Liebe gleicht. Aber umgekehrt nützt es nichts, Vater zu sein, nichts ist es wert, Mutter zu sein, wenn man es nicht aus Liebe ist. Die Ungeduld, die Härte, mit der Jesus seiner Mutter diese Art der Ähnlichkeit abspricht, legt die Vermutung nahe, daß er in den langen Jahren, die er mit ihr durchlebt hat, andauernd und vergeblich versucht hat, sie auf diesen Weg zu bringen. Es gab täglich Angelegenheiten, die besprochen werden mußten, wenn man zusammenlebte. Vor allen Dingen waren da die Reinigungsrituale, die üblichen Gebete, die Meidung der Frauen. Der Jude ist täglich zu ca. 100 Reinigungshandlungen verpflichtet. Man braucht dafür viel Wasser, mehr als für die Ernährung und das Saubermachen nötig ist, denn das Ritual verlangt, daß das Wasser frei in der Erde fließen muß und nicht für andere Zwecke geschöpft werden darf. Als Jesus aufhörte, die Vorschriften zu befolgen, was er gewiß getan hat, da er auch seine Jünger anhielt, sie nicht zu befolgen, war Maria sicherlich die erste, die das bemerkte. Der Grund ist sehr einfach: Es war Aufgabe der Frauen, den Bedarf an Wasser zu decken.

Ebenso wandte sich Jesus gegen die Vorschriften, die die Gebete und die Meidung der Frauen betrafen. Er hatte die Speisen zu segnen und mußte sich stets der weiblichen Unreinheit bewußt sein, um nichts zu berühren, was von Maria oder anderen menstruierenden Verwandten hätte berührt sein können. Wenn man bedenkt, wie gütig er sich an so viele unreine Frauen wandte, an die blutflüssige Frau, die Ehebrecherin, die Samariterin, an Magdalena, so kann man davon ausgehen, daß er zuallererst versucht haben wird, seine Mutter von der Angst, unrein zu sein – dem ungerechtesten, erniedrigendsten Vorurteil des jüdischen Rituals –, zu befreien. Wir können daher annehmen, daß einer der Gründe für sein Bemühen, jede Gelegenheit zu einer Begegnung und Verständigung mit den Frauen zu ergreifen, und für sein Bestreben, die ängstlichen oder auch wagemutigen Versuche derer, die an ihn glauben, die ihn lieben, die sich auf seine Freiheit zu verlassen wagen, zu erahnen, der Umstand gewesen sein muß, daß es ihm nicht gelungen ist, Maria zu überzeugen. Wenn er der leiblichen

Mutterschaft jegliches Verdienst abspricht, so bewegt ihn wahrscheinlich auch der Gedanke, daß es gerade die leibliche Mutterschaft gewesen ist, die mütterliche Furcht und Liebe, die seine Mutter daran gehindert haben, ihn als »Person« anzuerkennen, ihn in seiner Freiheit als Individuum zu akzeptieren.

Wie wir bereits gesehen haben, hatte es eine Frau nicht leicht, um so weniger eine tiefgläubige, gewissenhafte, die Demut und Gehorsam als die höchsten weiblichen Tugenden ansah. Mutter zu sein und in der Abhängigkeit vom Sohn zu leben, der zum Familienoberhaupt wird, entfesselt Formen des Widerstands und des Gefühlskonflikts, die sich nicht einmal innerlich ausdrücken können. Die Autorität, die die Mutter über den Sohn ausübt, wird durch das Inkrafttreten des harten Gesetzes zurückgenommen und auf den Kopf gestellt, das aus der Frau eine Untergebene, eine Unreine macht – eine, die gegenüber jedem Mann, insbesondere dem Familienoberhaupt, zu Achtung und Gehorsam verpflichtet ist. Nur in dem überaus eingeschränkten Bereich des kindlichen Gefühls kann deshalb eine Mutter versuchen, sich einen Rest an Handlungsfreiheit zu bewahren. Aber gerade diesen Bereich entzog ihr Jesus. Als Mutter kann sie nichts verlangen, nichts erwarten. Welch anderer Selbstschutz bleibt Maria, als sich in ihr eigenes Gefängnis zu flüchten, indem sie sich auf die Pflichten, die Vorschriften versteift, die sie zumindest auf die Seite der Gesellschaft stellen und ihr somit Recht geben?

Es ist ein schrecklicher Kreislauf, aus dem Maria erst im verzweifelten Augenblick der Kreuzigung Jesu herausgetreten zu sein scheint. Und doch wendet sich Jesus auch dann noch mit aller Härte an sie. Er weist jeglichen Trost zurück, der aus ihrer Liebe kommen könnte, und spricht nicht einmal ein Wort des Trostes angesichts ihres Schmerzes. Es ist ein Schmerz, der sie zusammen mit anderen Frauen in der Nähe des Kreuzes ausharren läßt, doch zum ersten Mal still, die Augen auf ihn gerichtet, auf seine Wahrheit, die nicht die des Sohnes, sondern die des Menschen Jesus ist, in dem sie vielleicht neben der Angst vor dem Zusammenbruch alles dessen, was er getan hat, auch das Bedürfnis nach Verständnis und Liebe ahnt, das ihm sowohl von seinen Jüngern als auch von ihr verweigert worden ist.

»Frau, siehe, dein Sohn!« spricht Jesus vom Kreuz herab und zu Johannes: »Siehe, deine Mutter!« (Joh 19,26f.) Die Anrede »Frau«, mit der er sie auch noch in seinen letzten Augenblicken ruft und die die Kommentatoren zu den gewundensten Argumentationen veranlaßt hat, um zu erklären, warum er sie nie mit »Mutter« anredete, wie es bei den Juden Brauch war, ist nur eine Bestätigung des eben Ausgeführten. Er spricht ihr die Mutterrolle ab. Vom Kreuz herab unternimmt er die letzte Anstrengung, sie zu lehren, an das zu glauben, an das er glaubt, so wie er auch Johannes lehrt. Er ist so sicher, daß dies die einzig mögliche Art der Liebe ist, daß er es nochmals wiederholt, trotz der Zweifel im Garten Gethsemane, und selbst in dem Augenblick, da er durch sein Todesurteil jegliche Hoffnung, daß ihm geglaubt werde, zunichte gemacht sieht. So endgültig hat er die Liebe des »Blutes« verleugnet, daß er sich nicht einmal im Augenblick des Todes an sie klammert. Ein überaus weichherziger Mann, der beim Tod des Lazarus weint und der auf schreckliche Weise die Grausamkeit derer erfährt, mit denen er über Liebe hatte reden wollen, sucht keinen Trost bei der Mutter. Seine letzten Worte sind Worte der Verzweiflung, gerichtet an jenen »Vater«, der kein Vater des Blutes war, aber dessen Sohn sich nennen zu können er allein durch die Kraft seiner Liebe geglaubt hatte.

Doch es sind noch zwei andere Gesichtspunkte zu bedenken. Indem er seine Mutter Johannes anvertraut, bricht er noch einmal die Vorschriften des Gesetzes, die es den männlichen Verwandten auferlegen, eine kinderlose Witwe aufzunehmen und für sie zu sorgen. Wie aus den *Evangelien* hervorgeht, hatte Maria viele Verwandte männlichen Geschlechts, auch wenn man einräumt, daß die sogenannten Brüder Jesu keine Söhne waren. Wenn Jesus sie Johannes anvertraut, so deshalb, weil er sehr wohl weiß, wie ungerecht und drückend ein Gesetz ist, das die Frauen als Objekte betrachtet, die man ganz nach Bedarf in die Häuser der männlichen Verwandten versetzen kann, ohne im geringsten der Empfindsamkeit, der psychischen Affinität, den Gewohnheiten eines ganzen Lebens Rechnung zu tragen. Im Falle Marias, die damals ungefähr 50 Jahre alt gewesen sein muß, die immer mit dem Sohn und während der letzten Zeit auch mit den Freunden des Sohnes gelebt hat, wählt Jesus also denjenigen aus, dem er selbst eine besondere Zuneigung entgegenbringt, den jüngsten und weichherzigsten seiner Freunde, der ihn am meisten liebt und dem er vertraut. Seine Härte wird nunmehr zu zärtlicher und tiefer Fürsorglichkeit gegenüber Maria als Person, deren Würde, zurückhaltende Art und Bedürfnis nach Achtung er ganz offensichtlich erkennt.

Schließlich bekräftigt er, indem er zur Mutter sagt

»Das ist dein Sohn« und zu Johannes »Das ist deine Mutter«, den zentralen Punkt seiner Botschaft, d. h., daß man wirklich Sohn ist, wenn man liebt, dann also, wenn man als einzelner Mensch, als Person, als unverwechselbares Individuum liebt, jenseits irgendeines juristischen oder sozialen Verhältnisses. Im Bereich der Liebe ist deshalb jeder gleich. Auch Marias Liebe zum Sohn soll sich nicht mehr auf die Mutterschaft, sondern ausschließlich auf die zwischenmenschliche Beziehung gründen, gleich der, die er ihr weist, wenn er zu ihr sagt – nunmehr sicher, daß sie jetzt verstehen wird –: Siehe, dein Sohn.

Der Ethnologe seines Hauses

Noch in einem anderen Text der *Evangelien* wird ein Wortwechsel zwischen Maria und Jesus direkt wiedergegeben. Es handelt sich um den, der sich bei der Hochzeit zu Kanaan ergab. Ehe wir ihn jedoch kommentieren, ist es vielleicht hilfreich, noch etwas mehr über die Sitten im damaligen Palästina zu erfahren sowie über die Alltagsgewohnheiten in den kleinen Orten und unter den Leuten niedrigen Standes, wo auch das Leben Jesu verlief. Die Bedeutung dieses Milieus muß man sich um so mehr vor Augen halten, als das Denken Jesu, seine Gefühle, seine inneren Überlegungen auf einzigartige Weise von einer eigentümlichen Aufmerksamkeit für die alltäglichen Begebenheiten genährt zu sein scheinen. Jesus war nicht nur allem gegenüber aufmerksam, sondern er besaß vielmehr den »Blick« eines Malers, eines Dichters, einen Blick, der auf einer für den Betrachter neuen Landschaft ruht. Die außerordentliche Suggestivkraft der Beispiele, der kritischen Bemerkungen, der Kommentare, der Parabeln, die er gebraucht, entspringt insbesondere seiner Fähigkeit, alltägliche Dinge zu analysieren, sich ihrer zu bedienen, sie zu bedenken – Dinge, die alle vor Augen haben und die so selbstverständlich sind, daß niemand wissentlich irgend etwas aus ihnen lernt.

So ist Jesus in gewisser Hinsicht der Ethnologe seines Hauses und weit davon entfernt, sich der Urteile zu enthalten, was einem Beobachter ja auferlegt wäre. Jesus beschreibt und kommentiert die Welt, die ihn umgibt: Felder, Vögel, Blumen, Sand, Wind, Steine, in ihrer dauernden Wechselwirkung mit dem Leben, das der Mensch erleidet. Er beschreibt den Menschen zuweilen mit kritischer Heftigkeit, dann wieder mit der sanften Wehmut dessen, der die verzehrende, unerfüllte Sehnsucht nach Freude, nach Schönheit, nach verzweifeltem Lebenswillen erfahren hat. Aus der Unvermitteltheit, mit der ihm bestimmte Bilder in den Sinn kommen, ersieht man, daß er sich lange dort aufgehalten haben muß und daß dies vielleicht der Hauptgrund dafür gewesen ist, zunächst auf eine Veränderung der ihn umgebenden Wirklichkeit zu verzichten und dann plötzlich den Kampf aufzunehmen. Der Impuls seines Aufbegehrens scheint vor allem die Zurückweisung einer unerträglichen, weil naheliegenden, »natürlichen« Ungerechtigkeit gewesen zu sein: die Gewalt, die die täglichen Gewohnheiten und Vorschriften gegenüber denjenigen ausüben, die nicht einmal in der Lage sind, sich ihres durch Zwänge erzeugten Elends bewußt zu werden.

Mit diesem sicheren Gespür, das innere und soziale Erleben in den alltäglichen Handlungen aufzufinden, erscheint Jesus so anders, den meisten Menschen so fern, daß schließlich die *Evangelien* – wie viel auch die Evangelisten in der Darstellung des Lebens Jesu hinzugefügt oder weggelassen haben mögen – ein absolut »neuartiges« Dokument bleiben, gewissermaßen vergleichbar und, was ihre Sensibilität betrifft, »verwandt« mit den *Annales*, der sogenannten »neuen Geschichte«. Mit Sicherheit war dies nicht das Ziel der Evangelisten. Dem Anschein nach verfolgen die *Evangelien* tatsächlich die biographische Spur, so wie es für die Darstellung des Lebens einer großen Persönlichkeit unvermeidlich ist: Die Geburt ist begleitet von Weissagungen und ungewöhnlichen Zeichen; die Mission wird vorbereitet durch Versuchungen, durch lange Monate des Rückzugs und der Askese; das Handeln in der Öffentlichkeit offenbart sich vor allem durch Wunder. Aber jenseits dieser unerläßlichen »Stationen« einer Heiligengeschichte werden uns Reden und Handlungen berichtet, die ganz offensichtlich zu einer Persönlichkeit gehören, die zugleich scheu und liebevoll, wachsam und träumerisch ist, unendlich weit entfernt von der typischen Empfindsamkeit eines Mannes und eines Führers. Ferner legt gerade die Fülle dieser Berichte angesichts der sonstigen Bündigkeit der Evangelienerzählungen nahe, daß die Evangelisten das Leben Jesu überhaupt nicht erzählen konnten, ohne sich dieses Materials zu bedienen, weil sich darin offenbar seine übliche Art zu sprechen, zu denken und zu handeln zeigt.

Der »Alltag« der jüdischen Frau

Praktisch ist die ganze unumgängliche Arbeit des täglichen Lebens den Frauen aufgebürdet: die Ernährung,
die Bekleidung, die Säuberung, die Pflege des »Körpers«. Eben weil sie unerläßlich ist, ist sie auch selbstverständlich. Niemand hat uns daher davon berichtet,
und niemand hat jemals die Arbeit der Frauen als Beispiel genommen, um eine »Revolution« zu propagieren.
Dies aber tut Jesus. Gewisse Bilder stellen sich bei ihm
so spontan ein, daß man annehmen muß, er habe all das,
was sich um ihn herum ereignete und besonders, was
sich im Haus abspielte, lange Zeit beobachtet.

»Das himmlische Königreich ist wie der Sauerteig,
den eine Frau nahm und in drei Scheffel Mehl verbarg,
solange bis er die ganze Masse zum Gären brachte...
Hütet euch, den Sauerteig der Pharisäer und der Saddu-
zäer zu nehmen... Von zwei Frauen, die Korn mahlen
werden, wird die eine genommen, die andere wegge-
schickt werden...« Wie alle Hausfrauen backt Maria
täglich Brot. Es ist das Grundnahrungsmittel. Das Gesetz verpflichtet sie, nicht mehr als nötig zu backen,
außer am Freitag, wo sie auch für den Sabbat, den Tag,
an welchem jegliche Arbeit verboten ist, Vorsorge treffen muß. Diese Arbeit wird im Innenhof verrichtet, wo
man ringsum die fensterlosen Häuser vor Augen hat und
der daher der Ort ist, an dem ein Großteil des gemeinsamen Lebens und Arbeitens abläuft. Die Zubereitung des
Brotes ist sehr mühselig. Das Getreide, das man in
einem eigens dafür bestimmten, an der Hauswand befe-
stigten Behälter aufbewahrt, wird in ausreichender
Menge in einen Eimer geschüttet und in den Hof getra-

gen, wo sich die Getreidemühle befindet. Diese besteht aus zwei übereinanderliegenden Mahlsteinen, die sich um eine Spindel drehen. Oft tun sich zwei Frauen zusammen, um sie zu drehen, damit sie sich gegenseitig die mühsame Arbeit erleichtern. Abwechselnd steht eine bereit, um das Korn in die Einlaufgosse der Spindel zu schütten, während die andere diese in Bewegung setzt. Dann wird der Teig bereitet, indem man zu dem Mehl Wasser gibt und die Hefe beifügt, die aus einem Rest des Teigs vom Vortag besteht. Wer nicht selbst davon hat, borgt sie sich. Dann wird der Teig geformt und in den Backofen gelegt, der im allgemeinen von mehreren Familien benutzt wird. Man muß deshalb warten, bis man an die Reihe kommt, und Brennmaterial mitbringen. Auch das Sammeln von verdorrten Wurzeln, Dornenzweigen, Brombeerranken und Disteln, die als Brennmaterial dienen, ist Aufgabe der Frauen. Sie gehen weit, um eine ausreichende Menge davon zu finden. Mit den Händen reißen sie Dornenbüsche und Brombeersträucher aus und packen ein großes, dicht zusammengepreßtes Bündel, das dann auf dem Kopf getragen und von den Feldern in den Hof gebracht wird. Jesus aber hat dies alles so aufmerksam beobachtet, daß er es zum Gegenstand seiner Belehrung machen konnte. Ihm entging nicht, daß es sich um eine Mühsal handelte, um eine Mühsal, die sich immer gleich wiederholte und die darum nur um so drückender erschien. Es ist daher anzunehmen, daß er, der nicht gezögert hat, so viele Gewohnheiten und Vorschriften zu brechen, versucht haben wird, selbst die eine oder andere der den Frauen aufgebürdeten Arbeiten zu verrichten, und daß Maria sich seiner Hilfe bedient hat, die freilich für einen Mann unziemlich war. Jesus hat damals den ganzen Zwangscharakter dieser Arbeiten, die damit einhergehende Unfreiheit begriffen, er hat erkannt, welche Last dahintersteckt, eine Last deshalb, weil sie trotz der unsäglichen Mühe, die sie verlangt, nicht als Arbeit anerkannt wird, weil sie von quälender Monotonie ist und das Ergebnis zu dem erforderlichen Einsatz in keinem Verhältnis steht. Vor allem sind es die verinnerlichten rituellen Vorschriften, die eine kollektive Organisation der Arbeit verhindern und sie zu einem Unterdrückungsinstrument werden lassen.

Einige seiner Überlegungen in diesem Zusammenhang bezeugen nicht nur, wie aufmerksam und scharf er beobachtet hat, was die Frauen um ihn herum taten, sondern auch den langen und vergeblichen Kampf, den er unternommen hat, um das Bewußtsein der anderen für den Wert der Frauenarbeit zu schärfen. »Lernt von den Lilien, die auf dem Feld wachsen: Sie arbeiten nicht und spinnen nicht. Doch ich sage euch: Selbst Salomon war in all seiner Pracht nicht gekleidet wie eine von ihnen. Wenn aber Gott schon das Gras so prächtig kleidet, das heute auf dem Feld steht und morgen ins Feuer geworfen wird, wie viel mehr dann euch, ihr Kleingläubigen!« (Matth 6,28 ff.) ... »Keiner setzt ein Stück neuen Stoff auf ein altes Kleid; denn der neue Stoff reißt doch wieder ab, und es entsteht ein noch größerer Riß.« (Matth 9,16)

Die Fertigkeit, Wolle und Flachs zu spinnen und zu weben, ist die Grundtugend der Frau. Sobald sie die anderen Arbeiten erledigt hat, nimmt sie Spindel und Spinnrocken zur Hand. Aus dem Flachs fertigt sie Unterkleider, aus der Wolle Gewänder, Umhänge und Decken. Diese Arbeit übt sie im Hause oder allenfalls im

Innenhof aus, weil sich beim Hochheben der Spindel der Arm entblößt, was für eine ehrbare Frau ungehörig ist. Überdies behindert der Kopf und Schultern bedeckende Schleier, den die Frau außerhalb des Hauses tragen muß, die Sicht, mag der Stoff auch noch so dünn sein. Jesus hat wohl seiner Mutter beim Spinnen, Weben und Nähen zugesehen. Diese Arbeiten erschienen ihm schrecklich zu sein, weil eine Frau sie immer tun muß, auch wenn gar kein Bedarf an Stoffen besteht, nur um dem Gesetz zu gehorchen, das verfügt, daß ihre Hände stets etwas zu tun haben müssen. Wer weiß, wie oft er sie angehalten haben wird, damit aufzuhören, um so mehr als die nicht benötigten und in der kleinen Truhe für die »Kostbarkeiten« aufbewahrten Stoffe schließlich von Motten zerfressen und vermodert wieder ans Licht kommen: »Sammelt euch nicht Schätze hier auf der Erde, wo Motte und Wurm sie zerstören...« (Matth 6,19)

Die Konfrontation mit Maria ist mithin Tag für Tag erfolgt. Nach und nach hat Jesus mit anderen Augen gesehen, so als ob das Alltagsleben, das wir alle »natürlich« finden, weil wir darin geboren sind, für ihn eine unversiegbare Quelle der Erkenntnis und des Nachdenkens sei. Doch vor allem, so möchte man sagen, hat ihn ein häusliches Leben betroffen gemacht, das um so bedrückender war, als die Vorschriften und Gebräuche buchstabengetreu befolgt wurden. Maria ist jene vollkommene Hausfrau, von der *Jesus Sirach* sagt: »Wer wird sie finden können?... Sie versorgt sich mit Wolle und Flachs und bearbeitet alles gerne mit den Händen... Sie hält mit ihren Händen den Spinnrocken und führt die Spindel mit den Fingern... Sie fürchtet nicht den Schnee für ihre Familie, weil alle die Ihrigen eine zweifache Bekleidung haben... sie steht schon auf, ehe es hell wird, und bereitet ihrer Familie das Mehl... und nicht einmal in der Nacht löscht sie ihre Lampe.« Sie ist eine aufmerksame Mutter, eine vorbildliche Jüdin. Ihre Pflicht ist es, ihre Pflicht zu erfüllen. Je weniger ihr Sohn den Vorschriften, den Riten, den religiösen und sozialen Verpflichtungen nachkommt, desto mehr ist sie bestrebt, ihm ein gutes Beispiel zu geben, indem sie betet, arbeitet, sich mit beharrlicher Genauigkeit allen Aufgaben unterwirft, die ihr zufallen. Er ist ein Mann; er ist der Hausherr: Sie kann ihm weder etwas zum Vorwurf machen, noch ihm etwas auferlegen. Aber sie tut es durch ihre ruhige, strenge Ehrfurcht, mit der sie selbst die unscheinbarsten Arbeiten verrichtet.

Die Gewalt der Riten

Zu dem Zeitpunkt, da wir Jesus und Maria bei dem Hochzeitsmahl zu Kana antreffen, lebt Jesus schon seit längerer Zeit nicht mehr zu Hause und hat eine kleine Gruppe von Jüngern um sich gesammelt. Das *Johannesevangelium* schildert diese Begebenheiten folgendermaßen: »Am dritten Tag fand in Kana in Galiläa eine Hochzeit statt, und die Mutter Jesu war dabei. Auch Jesus und seine Jünger waren zu der Hochzeit eingeladen. Als der Wein ausging, sagte die Mutter Jesu zu ihm: Sie haben keinen Wein mehr. Jesus erwiderte ihr: Was willst du von mir, Frau? Meine Stunde ist noch nicht gekommen. Seine Mutter sagte zu den Dienern: Was er euch sagt, das tut! Es standen dort sechs steinerne Was-

serkrüge, wie es der Reinigungsvorschrift der Juden ent-
sprach; jeder faßte ungefähr hundert Liter. Jesus sagte
zu den Dienern: Füllt die Krüge mit Wasser! Und sie
füllten sie bis zum Rand. Er sagte zu ihnen: Schöpft jetzt
und bringt des dem, der für das Festmahl verantwortlich
ist. Sie brachten es ihm. Er kostete das Wasser, das zu
Wein geworden war. Er wußte nicht, woher der Wein
kam; die Diener aber, die das Wasser geschöpft hatten,
wußten es. Da ließ er den Bräutigam rufen und sagte zu
ihm: Jeder setzt zuerst den guten Wein vor und erst,
wenn die Gäste zuviel getrunken haben, den weniger guten. Du jedoch hast den guten Wein bis jetzt zurückge-
halten. So tat Jesus sein erstes Zeichen, in Kana in Galiläa, und offenbarte seine Herrlichkeit, und seine Jünger
glaubten an ihn. Danach zog er mit seiner Mutter, seinen Brüdern und seinen Jüngern nach Kafarnaum
hinab. Dort blieben sie einige Zeit.« (Joh 2,1 – 12)

Zu dieser Episode gibt es unzählige Kommentare,
aber die meisten entfernen sich sehr weit vom Text, weil
man in dem Hochzeitsmahl und in der Verwandlung
von Wasser in Wein eine Vorankündigung des Abend-
mahls gesehen hat. Doch unter dem Aspekt des Verhältnisses Jesus – Maria ist die Episode nicht leicht zu inter-
pretieren. So befremdet es bereits etwas, daß eine al-
ternde Witwe zu einem Fest eingeladen worden sein soll.
Noch mehr als die Frauen allgemein ist nämlich die
Witwe gehalten, sich aus der Gesellschaft zurückzuzie-
hen. Überdies muß eine Einladung immer an das Familienoberhaupt gerichtet werden, das allein entscheidet,
ob sie auch für seine Familie gilt oder nicht. Man muß
sich außerdem vergegenwärtigen, daß eine Vermählung
den offiziellen und wichtigsten Moment der Verbindung

und des Austauschs mit den anderen Verwandten und Freunden darstellt. Die »Hochzeitsgaben« sind obligatorisch und eine Art Leihgabe, die bei der nächsten Eheschließung mit einem Gegengeschenk zurückgegeben werden. Weil Jesus in jenen Tagen schwer zu finden war, können wir annehmen, daß Maria dennoch eingeladen worden ist, vielleicht weil sie freundschaftliche Beziehungen zu einer der beiden Familien unterhielt und als Witwe bei den vielen Arbeiten im Hause, die eine Hochzeit mit sich brachte, von Nutzen sein konnte. Gerade da sie – wie es die Sitte verlangte – den eigentlichen Festlichkeiten fernbleiben mußte, konnte sie um so mehr helfen.

Eine Hochzeit war in der Tat ein großes und aufwendiges Ereignis. Allen Eingeladenen, die oft auch Freunde mitbrachten, wie Jesus, der sich mit seinen Jüngern eingefunden hatte, mußte eine Woche lang vollkommene Gastfreundschaft erwiesen werden. Außer den Hochzeitsgeschenken brachte jeder Freund dem Bräutigam einen Becher Wein dar, das Festgetränk, das den Männern vorbehalten war. Jesus muß das für sich und seine Jünger auch getan haben, es sei denn, daß dies der wahre Grund war, weshalb Maria zu erkennen gab, es gebe keinen Wein mehr. Hat er womöglich auch gegen diese Art sozialer Verpflichtung verstoßen? Seine Antwort ist derart ungeduldig und hart, daß sogar die Kommentatoren, die am wenigsten geneigt sind, im Verhalten Jesu irgendeine Verfehlung gegenüber seiner »Mutter« zu sehen, zur Kenntnis nehmen, daß Jesus zu ihr sagte, sie solle »sich um ihre eigenen Angelegenheiten kümmern«. Dies ist nämlich der umgangssprachliche Sinn des Satzes »was willst du von mir, Frau?« Er fügt außerdem die Anrede »Frau« hinzu, was die Distanz vergrößert, ganz besonders in einem Wortwechsel, der andererseits sehr vertraulich ist. Es kehrt hier also ein Merkmal wieder, das wir bereits diskutiert haben: Jesus erkennt Maria das Recht als Mutter nicht zu. Offenbar, so scheint es zumindest, ärgert ihn an ihrem Verhalten zweierlei: erstens, daß sie sich in der Rolle als Mutter an ihn wendet, und zweitens, daß sie sich so sehr um häusliche Probleme kümmert, die an die rituellen Vorschriften gebunden sind. Die Härte und die Ungeduld ihr gegenüber erscheinen noch stärker, da er doch grundsätzlich erkannt hat, welches Gefängnis sowohl die »Rolle« der Verwandtschaft als auch die rituellen Vorschriften für die Hausarbeit darstellen. Aber anscheinend löst dieses Wissen kein Mitgefühl für seine Mutter aus. Hier nun überwindet Maria sich selbst. Die Vorstellung, Jesus könne gegen eine der wichtigsten gesellschaftlichen Pflichten verstoßen haben, nämlich dem Bräutigam die Gabe zuverweigern, veranlaßt sie, sich bei der Tafel zu zeigen, die ausschließlich den Männern vorbehalten ist, und vor allen Leuten das Wort an ihn zu richten. Sie spricht sehr vorsichtig und hofft wohl auch, daß man das Fehlen seines Geschenks nicht bemerkt hat, weil Jesus erst nach Beginn des Festes eingetroffen ist. Jedenfalls läßt sich das, was dann geschieht, noch viel schwerer verstehen. Maria wendet sich an die Diener, da nur Männer Zugang zum Ort des Banketts haben und unter dem wachsamen Blick eines Zeremonienmeisters den Tischdienst versehen. Aus dem Fassungsvermögen der Krüge kann man schließen (eine Metrete entspricht nach heutiger Rechnung ungefähr 38 Litern), daß die Gäste zahlreich waren, wahrscheinlich mehr als hundert. Das Wasser war unverzichtbar für die Reinigung der Hände vor und nach jeder Mahlzeit. Man tut gut, die Tatsache hervorzuheben (wie übrigens auch der Evangelist), daß es sich nicht etwa um eine Hygienemaßnahme, sondern um eine rituelle Vorschrift handelt, die folglich unerläßlich ist. Erneut haben wir es mit einem Gesetzesbruch zu tun. Die Krüge werden mit Wein gefüllt. Womit wird man sich nun die Hände reinigen?

Der Schlußsatz des Evangelisten ist sehr bedeutsam: Jesus und seine Jünger und mit ihnen Maria und andere Frauen kehren nach Kapernaum zurück. Die Frauen haben nunmehr teil an dem, was Jesus tut. Weil auch Maria daran beteiligt war, konnte sie die Gefährlichkeit dieses Tuns ermessen und mußte sich mehr und mehr vor den möglichen Folgen fürchten. Aus der unmittelbaren Nähe konnte sie mit ansehen, welche Risiken ihr Sohn einging, ohne daß sie ihn hätte schützen oder zu einem Verzicht bewegen können. Ihr Drama als Mutter vollzieht sich bis zum Äußersten. Da gibt es einen, der Jesus anklagt, »von Dämonen besessen zu sein«, eine schreckliche Anklage, die ebenso wie Blasphemie und Sakrileg den Tod verlangt. Da ist ein anderer, der behauptet, Jesus sei »außer sich«. Die Verwandten reden darüber. Wie in allen Familien fällt die Ehrlosigkeit eines Mitglieds auf alle anderen zurück. Wie sollen sie das Verhalten Jesu beurteilen: als subversiv oder wahnsinnig? Eine Mutter neigt dazu, die Kritik abzumildern. Der Sohn ist vielleicht etwas sonderbar, aber er ist nicht schlecht, viel weniger noch ein Aufrührer. Maria tut sich deshalb mit den Verwandten zusammen und versucht gemeinsam mit ihnen, ihn nach Hause zurückzubringen, ihn vor tragischeren Folgen zu bewahren. Sie kommen, um mit ihm zu reden, aber Jesus spricht ihnen jegliches Recht ab, über seine Handlungen zu bestimmen. Wir haben es bereits gesehen: »Wer ist meine Mutter, und wer sind meine Brüder?« (Mark 3,33) Es ist demnach nichts zu machen.

Bald aus der Nähe, bald von weitem folgt ihm Maria, gemeinsam mit den anderen Frauen, die ihn lieben. Als der Augenblick des Kalvarienberges kommt, ist sie da. Sie hat ihn nicht retten können, sie hat ihn nicht einmal liebkosen können. »Sie stand bei dem Kreuz.« Es herrscht eine Bewegungslosigkeit, eine Stille, neu, anders. Die Frauen *müssen* weinen, müssen schreien, müssen sich die Haare raufen, müssen in krampfartigen Zuckungen Arme und Hände bewegen und sich dabei auf die Erde werfen, um ihren Schmerz auszudrücken. Denn so will es die Gesellschaft, so bestimmt es das Ritual. Es ist dieselbe Gewalt, dieselbe Gerechtigkeit, die das Kreuz fordert. Nun versteht sie.

Zum ersten Mal ist Maria nicht »die Frau«. Sie ist Jesu würdig.

3. Kapitel
Maria von Nazareth in der Darstellung der Evangelisten

Betrachten wir die Texte der *Evangelien*, die von der Empfängnis und der Geburt Jesu handeln (die sogenannten Kindheitsevangelien), so sehen wir uns einer geheimnisvollen Persönlichkeit gegenüber, die jener Mutter Jesu, von der bis jetzt die Rede war, in nichts gleicht. Im *Lukasevangelium* steht geschrieben: »Im sechsten Monat wurde der Engel Gabriel von Gott in eine Stadt in Galiläa namens Nazareth zu einer Jungfrau geschickt. Sie war mit einem Mann namens Joseph verlobt, der aus dem Haus David stammte. Der Name der Jungfrau war Maria. Der Engel trat bei ihr ein und sagte: Sei gegrüßt, du Begnadete, der Herr ist mit dir. Sie erschrak über die Anrede und überlegte, was dieser Gruß zu bedeuten habe. Da sagte der Engel zu ihr: Fürchte dich nicht, Maria; denn du hast Gnade bei Gott gefunden. Du wirst ein Kind empfangen, einen Sohn wirst du gebären: dem sollst du den Namen Jesus geben. Er wird groß sein und Sohn des Höchsten genannt werden. Gott, der Herr, wird ihm den Thron seines Vaters David geben. Er wird über das Haus Jakob in Ewigkeit herrschen, und seine Herrschaft wird kein Ende haben. Maria sagte zu dem Engel: Wie soll das geschehen, da ich keinen Mann erkenne? Der Engel antwortete ihr: Der Heilige Geist wird über dich kommen, und die Kraft des Höchsten wird dich überschatten. Deshalb wird auch das Kind heilig und Sohn Gottes genannt werden. Auch Elisabeth, deine Verwandte, hat noch in ihrem Alter einen Sohn empfangen; obwohl sie als unfruchtbar galt, ist sie jetzt schon im sechsten Monat. Denn für Gott ist nichts unmöglich. Da sagte Maria: Ich bin die Magd des Herrn; mir geschehe, wie du es gesagt hast. Danach verließ sie der Engel.« (1. Luk 26–38) Auf diesem Text ist das Dogma von der Göttlichkeit Jesu errichtet worden.

Es ist selbstverständlich nicht Aufgabe des Wissenschaftlers, Stellung zum Glauben zu beziehen. Dieser Grundsatz gilt für den Anthropologen um so uneingeschränkter, als er es in seinem Forschungsgebiet mit den unterschiedlichsten religiösen Verhaltensweisen und den heiligen Texten aller Völker zu tun hat. Weil sich in diesen Texten aber das Fundament einer jeden Kultur darstellt, sind sie Gegenstand seines Interesses. Gerade unter diesem Aspekt haben sie eine große Aussagekraft für den Wissenschaftler, der hier fast immer den Leitfaden zum Verständnis der tiefgründigen Bedeutungen der Geschichte findet, der Ängste und Hoffnungen, die das menschliche Leben durchziehen, der Strukturen, auf denen Herrschaftssysteme, Hierarchien, Klassen und Rechtsordnungen basieren.

Ausschließlich unter diesem Gesichtspunkt werden die Texte des Alten und des Neuen Testaments, so wie jedes andere Kulturdokument, Gegenstand der anthropologischen Analyse und erweisen sich als wertvoll, um herauszufinden, wie sich Juden und Christen gegenüber den Phänomenen des Lebens verhalten und allmählich Lösungen gefunden haben, sich vor der Gefahr eines end-

75

gültigen Todes zu bewahren. Sind erst einmal Glaubens-
vorbehalte beiseite geschoben, so bemerkt man mühelos,
daß der Bericht von der Verkündigung aus der Feder
eines Mannes geflossen ist und daß sich in allem, was hier
vorgebracht wird, männliche Sorgen, Wertvorstellungen, Lebenserfahrungen und Sehnsüchte widerspiegeln.
Diesen Weg haben dann die Kirchenväter, die Theologen, die »Marienverehrer« fortgesetzt und sich dabei
wahrhaft eindrucksvollen männlichen »Schwärme-
reien«, hingegeben. Aber gehen wir der Reihe nach vor.

Besessen von der körperlichen Unversehrtheit

Ein Engel erscheint Maria. Im jüdischen Glauben
kommt den Boten Gottes ebenso wie den Traumerschei-
nungen nicht jenes Merkmal wunderbarer Außergewöhnlichkeit zu, das sie im Christentum angenommen
haben. Denn für den Juden stellt die greifbare Gegenwart Gottes bei seinem Volk den Kern des Glaubens dar.
Gott greift ein in die kleinen und großen Dinge des Lebens, und dies ist ein Grund täglicher, immerwährender
Freude, Hoffnung und Furcht. Ein Jude würde niemals
denken, er befinde sich nicht in der Gegenwart Gottes.
Das Hin und Her seiner Boten zwischen Himmel und
Erde, die Träume, Weissagungen, Zeichen und konkrete
Eingriffe ereignen sich fortwährend und geben der ge-
samten Geschichte des Alten Testaments ihre Gestalt.
Hier findet man eine erste Übertragung von Bedeutungs-
inhalten der jüdischen Mentalität in die spezifische
Denkweise des Christentums, wonach Gott, nachdem er

sein Wirken auf Erden mit der Sendung des Erlösers abgeschlossen hat, nur noch in Ausnahmefällen eingreift und damit echte Normbrüche herbeiführt. Aber wir können annehmen, daß auch die Mentalität der Griechen und Römer auf diesen Wechsel der Interpretationsebene, den die Christen in ihrem Verhältnis zu Gott vollzogen, Einfluß gehabt hat. Griechen und Römer sind in der Tat weit entfernt von der leidenschaftlichen Religionsbindung, die die Juden kennzeichnet. Ein Empfinden der spürbaren Gegenwart der Gottheiten ist ihnen fremd, und sie betrachten die »Zeichen« als rational unerklärbar.

Die Natur, die *physis* (im Judentum gibt es keinen Begriff dafür), ist per definitionem das geordnete und notwendige System von autonomen und niemals versagenden Gesetzen. Da es keinen absoluten und unmittelbaren »Schöpfer« gibt, keinen Herrn des Himmels und der Erde, schaltet sich auch keiner *ad libitum* in die innere Harmonie des natürlichen Ablaufs ein. Die *monstra* zeigen deshalb »Krisenmomente« in dieser Ordnung an, Krisen der Handlungsfähigkeit der Menschen im Verhältnis zum Schicksal, das vom Kosmos in seiner harmonischen und maßvollen Gesamtheit vorherbestimmt ist.

Vergegenwärtigen wir uns den jüdischen und nicht den christlichen Interpretationsrahmen, so verwirrt Maria also nicht so sehr die Erscheinung des Engels, sondern vielmehr sein Gruß, denn ein derartig respektvoller Gruß gebührt keinesfalls einer Frau. Es steht außer Zweifel, daß der Engel männlichen Geschlechts ist. Er trägt den Namen eines Mannes, die Flügel eines Vogels, das Symbol seines Geschlechts, und sein Wort ist wirkungsmächtig, es wirkt auf die Realität ein. Im übrigen wird im *Lukasevangelium* ausdrücklich berichtet, daß die Frauen am Grab Jesu männliche Wesen (*ándres*) in leuchtenden Gewändern sahen, die dann als Engel erkannt wurden. Die Kommentatoren haben Berge von Elogen über die Demut Marias vor dem Engel angehäuft, aber eben dabei vergessen, daß es sich um eine Frau handelte, die es gewohnt war, sich gegenüber Männern als minderwertig zu betrachten und verpflichtet war, ihnen die höchste Achtung zu erweisen.

Die darauffolgende Unterredung ist voller Widersprüche, vor allem wegen der Entstellungen, die auf eine männliche Denkweise zurückzuführen sind. Wie wir auf den vorangegangenen Seiten gesehen haben, wurde das geschlechtsreife Mädchen im Alter von zwölf Jahren vom Vater mit einem Mann seiner Wahl verlobt. Die Verlobung hatte den rechtlichen Status der Ehe. Dennoch wohnten die Verlobten nicht zusammen und durften keine sexuellen Kontakte unterhalten. Nimmt man als Verlobungsalter zwölf und dreizehn Jahre an, so wären sie, wenngleich geschlechtsreif, freilich kaum zur Fortpflanzung fähig gewesen. Außerdem konnte der Junge noch nicht wirtschaftlich unabhängig sein und eine Familie ernähren. Maria, mit Joseph verlobt, war also Jungfrau, wie alle rechtschaffenen Mädchen. In den Gesellschaften des Altertums, von Ägypten bis Griechenland und Rom (wie übrigens noch heute) hatten die Mädchen jungfräulich zu sein, und das war etwas so Selbstverständliches, daß es nicht eigens erwähnt werden mußte. Im Lateinischen bezeichnet der Begriff *virgo* ein geschlechtsreifes, heiratsfähiges Mädchen, passend zum *vir*, ohne daß dabei Bezug genommen würde auf die Unversehrtheit des Hymen, was damit impliziert ist. Im

Griechischen verweist *parthènos* ebenfalls auf ein Mädchen, das zur Ehe bereit und, wie in der gesamten Antike, unter Androhung der Todesstrafe zur Keuschheit verpflichtet ist. Es scheint, als hätten die Griechen nichts von dem besonderen Häutchen, das die Vagina verschließt, gewußt: Aristoteles meint, daß alle Organe des Körpers, einschließlich der weiblichen Geschlechtsorgane, in einer einzigen Membran eingehüllt seien. Es sind vielmehr die Juden, die zwei verschiedene Begriffe gebrauchen: den einen, um ein heiratsfähiges Mädchen (das selbstverständlich Jungfrau ist) zu bezeichnen, und den anderen, um auf die anatomische Unversehrtheit des Hymen hinzuweisen. Wegen der rituellen Vorschriften, die die Unreinheit der Frau betreffen, ist für den Juden die Kenntnis der ganzen weiblichen Geschlechtsphysiologie unerläßlich. Die Frauen sind gehalten, und sei es durch eigenhändige Prüfung, sich über mögliche, vor der Menstruation sowie gegen Ende des Kindbetts auftretende Blutstropfen zu vergewissern. Jedenfalls entstellt in dem von uns zitierten Verkündigungstext die Übersetzung »Jungfrau« (die obligatorisch ist, weil zur unwidersprochenen Anrede der Madonna geworden), den eigentlichen Sinn des Wortes *parthènos* in Richtung auf die anatomische Unversehrtheit, während es in anderen Passagen korrekt als »junges Mädchen« oder »geschlechtsreifes Mädchen« wiedergegeben wird. Die Übersetzung könnte in gewisser Weise nur dadurch gerechtfertigt sein, daß die Geschichte sonst keinen rechten Sinn hätte.

Die gesamte Unterredung scheint tatsächlich der männlichen Besessenheit von der körperlichen Unversehrtheit der Frau zu entspringen und hört sich geradezu beleidigend gegen Maria an. Denn die Frau war, wie wir gesehen haben, vor der Ehe zur Keuschheit verpflichtet, durfte keine Sexualkontakte, auch nicht zum Verlobten, unterhalten und wurde, wenn sie dagegen verstieß, wie eine Ehebrecherin gemeinsam mit dem Partner zur Steinigung verurteilt. Darüber hinaus ist die Frage Marias »Wie soll das geschehen, da ich keinen Mann erkenne?« für ein junges »rechtschaffenes« Mädchen sehr unwahrscheinlich. Abermals haben wir es mit einem Begriff zu tun, der – als »erkennen« übersetzt – seine eigentliche Bedeutung im Hebräischen preisgibt: *coire*, sexuellen Kontakt haben. Es mutet zumindest seltsam an, daß ein bescheidenes und sittsames Mädchen aus Nazareth dem göttlichen Boten, der ihm etwas so Außerordentliches mitteilt, nicht nur recht unverblümt antwortet: »ich gehe mit keinem ins Bett«, was eine Selbstverständlichkeit ist und voraussetzen würde, daß es durch die Ankündigung des Engels beleidigt worden ist, sondern daß es seine Ahnungslosigkeit zu erkennen gibt, da eigentlich nichts Außergewöhnliches darin gelegen hätte, infolge eines Sexualkontakts schwanger geworden zu sein.

Überflüssig zu betonen, daß Exegeten, Theologen und Kommentatoren der verschiedensten Richtungen sich jedoch gerade auf diese Passage gestützt haben, um die Jungfräulichkeit Marias im Augenblick der Verkündigung und ihre Absicht, es auch nach der Heirat zu bleiben, zu behaupten. Aber es handelt sich dabei um Hirngespinste. Die Juden, ob Männer oder Frauen, heirateten, um Kinder zu bekommen, die als der einzig wahre Segen Gottes betrachtet wurden. Der größte Fluch war es, keine Kinder zu haben, so daß im Falle der

Unfruchtbarkeit der Mann eine zweite Frau nahm oder mit den Sklavinnen für Nachkommen sorgte. Die einzige Sorge der Verfasser der *Evangelien* bestand hingegen in der Behauptung der göttlichen Geburt Jesu, und die der Maria in den Mund gelegte Frage ist nur ein rhetorisches Mittel, den Engel das Wesentliche sagen zu lassen: »Der Heilige Geist wird über dich kommen, und die Kraft des Höchsten wird dich überschatten«, und ihr damit zu verstehen zu geben, daß sie von Gott empfangen hat.

Der allmächtige Schatten Gottes

Um voll und ganz die in diesen Worten verborgene Kraft zu begreifen, muß man sich noch einmal vor Augen halten, daß die Juden eine durch und durch sexualisierte Vorstellung von ihrem Verhältnis zu Gott hatten. Der Schatten Gottes ist, wie auch die leuchtende Wolke, Zeichen der Gegenwart Jahwes, und die Flügel des Vogels sind Symbol der Schöpferkraft Gottes. Sowohl die Idee des Schattens wie auch die des Vogels, der die Flügel ausbreitet, bezieht sich auf die sexuelle Potenz des Mannes beim Koitus, so daß Phallusdarstellungen mit Flügeln im gesamten mesopotamischen, ägyptischen und griechisch-römischen Kulturkreis zu finden sind. Sicherlich sind die sexuellen Implikationen der Sprache nicht immer bewußt, vor allem was den Begriff »Potenz« betrifft, da dieser seinen Ursprung in der Physiologie des männlichen Gliedes hat und zur Grundursache aller Handlungen wird. Die Bedeutungsanalogien zwischen sexueller Potenz und Macht sind so stark, daß wir uns auch heute noch ihrer bedienen, wenn wir die Mächtigen einer Gesellschaft als »potent« bezeichnen: die Reichen, die Regierenden, die Politiker.

Mit der gleichen unbewußten Arglosigkeit gebrauchen wir den Ausdruck »(be)decken«, der jedoch vom Aufeinanderlegen zweier Gegenstände herrührt. Man denkt dabei zu allererst an die Vorhaut, das Enthüllungsinstrument schlechthin, das den Penis ver- und enthüllt. Von daher kommt das Eng-Anliegen-Lassen eines Tuches, eines »Schleiers« an den Geschlechtsorganen, der zu verbergenden nackten Potenz. Im Alten Testament verweisen diese Bedeutungen an verschiedenen Stellen aufeinander, vom Bedecken als greifbare Handlung des Verbergens der den Geschlechtsorganen innewohnenden Potenz (die Söhne Noahs »bedecken« ihn dadurch, daß sie rückwärts laufen, um nicht die Nacktheit des Vaters sehen zu müssen) bis zum Bedecken als das durch Schatten und Wolken Verbergen der »Potenz« Gottes. Im verächtlichen Sinn ist dann der Ausdruck »decken« zur Bezeichnung des Begattungsaktes der Tiere geworden.

Bei den Juden (wie übrigens bei allen Völkern) ist die sexuelle Potenz heilig und furchterregend. Der Jude schwört, indem er sich an die Hoden faßt, weil das wirkungsmächtige Wort analog der sexuellen Potenz ist und dadurch bekräftigt wird. Gott zum Zeugen anrufen, heißt die Kraft der sexuellen Potenz anrufen. Das Wort Gottes ist seinerseits »bedeckt mit einem Schleier« und läßt sich nicht unmittelbar erfassen: Es muß »ent-hüllt« werden.

Doch kehren wir zu dem Problem zurück, das wir bereits kennen: Gott ist die männliche Potenz schlechthin; seine Hand ist wie sein erhobener Arm Symbol des Penis. Von daher rührt der Vorrang, den die rechte (oder auch »richtige«) Hand genießt – denn es gibt ja auch nur ein Glied. Aus demselben Grund hebt man den Arm oder den Daumen, den kleinen Penis, um das gute Gelingen einer Handlung, den Sieg, anzuzeigen. Adam, so heißt es in der *Genesis*, bedeckte seine Nacktheit, d. h. seine Genitalien, als er Gott verraten hatte, oder besser gesagt: als er versucht hatte, seine »Potenz« derjenigen Gottes gleichzusetzen. Der Jude wird deshalb vor Gott stets das Haupt bedeckt tragen, insofern der Kopf ein Analogon des Penis ist und die Hoden ihrerseits kleine Köpfe sind. Erst wenn er durch den neuen Adam erlöst sein wird, darf der Mensch, wie der heilige Paulus verfügt, das Haupt entblößen, weil er dann seine Würde wiedererlangt haben wird, d. h. seine Potenz: Er wird gottgleich sein.

Gott also befruchtet Maria, indem er sie mit den Flügeln seiner »Macht« bedeckt, mit jenem geheimnisvollen Heiligen Geist, der die Personifikation der Macht schlechthin, d. h. der Männlichkeit Gottes, zu sein scheint.

Aus der Antwort des Engels ist leicht zu ersehen, daß es sich um einen Dialog *ad hoc* handelt, entworfen, damit der Engel die Gotteskindschaft Jesu bekräftigen kann. Denn der Engel antwortet Maria mit einem Beispiel, das keinerlei Bezug zu ihrer Frage hat. Es gibt nämlich keine wie auch immer geartete Analogie zwischen der Schwangerschaft Elisabeths, die unfruchtbar und fortgeschrittenen Alters, aber seit vielen Jahren verheiratet ist, und der Situation eines geschlechtsreifen Mädchens, das offiziell zur Ehe versprochen ist, die aber aufgrund des Gesetzes noch nicht vollzogen ist. Schwanger zu sein, ohne jemals sexuelle Beziehungen gehabt zu haben, ist etwas ganz anderes, als im hohen Alter ein Kind zu bekommen. Folglich hat auch die Antwort des Engels ihre Funktion. Denn man will die Geburt Johannes des Täufers, der als Vorläufer Jesu angesehen wird, wissen lassen.

Ausgehend von dem Bericht der Verkündigung könnte man viele Betrachtungen anstellen, gerade im Hinblick auf die Gestalt der Madonna, wie sie allmählich von der christlichen Theologie, vor allem im Katholizismus, geschaffen worden ist. Von vielen Kommentatoren ist z. B. bemerkt worden, daß der Dialog zwischen dem Engel und Maria den Jüngern Jesu nur von Maria selbst zur Kenntnis gebracht worden sein kann. Wenn nun dieses Zwiegespräch so verlaufen wäre, wie es die Evangelisten behaupten, dann würde sich das Leben der Maria als Mutter Jesu ganz grundlegend von jenem unterscheiden, das sich uns darstellt und das wir analysiert haben. Botschaften, die man im Traum empfängt, oder auch Engelsvisionen mögen stets für Sinnesänderungen desjenigen, der sie erlebt hat, verantwortlich sein, vielleicht aufgrund von Unsicherheit, Verwirrung und Gedächtnisschwund. Aber eine Schwangerschaft ist an und für sich schon ein so umwälzendes Ereignis, daß eine Frau, wenn sie sich schwanger fühlt, ohne jemals eine sexuelle Beziehung gehabt zu haben, nicht nur keinen Zweifel an einem wunderbaren Eingriff hegen kann, sondern sich ganz unweigerlich auf diese Vorstellung verlassen muß, sich von ihr leiten lassen wird, um überhaupt weiterleben zu können, ohne den Verstand zu verlieren. Die Mutter Jesu jedoch beweist, daß sie die Sendung ihres Sohnes nicht begriffen hat, und wie die Verwandten glaubt sie, er sei verrückt. So will sie ihn von seinem Tun abbringen und verschließt sich, wie wir gesehen haben, vor allem dem, was er sie zu lehren versucht.

Umgekehrt bestehen gerade die Jünger, die überzeugt sind von der »genealogischen« Notwendigkeit – der Grundkonzeption des Judentums –, auf der Gotteskindschaft, damit Jesus der Messias sein kann. Das Werk Jesu wird daher auf die alten Wertvorstellungen aufgepfropft und büßt infolgedessen die ihm innewohnende Kraft einer radikalen Neuerung ein. Man darf also vermuten, daß Maria, die beim Tode ihres Sohnes begriff, wie wenig sie ihm in seinen Bestrebungen beigestanden hatte, sich seinen Jüngern gebeugt hat. Als einfache Frau wird sie gehorcht und geschwiegen haben. Dies erlaubte ihr wahrscheinlich auch, reuevoll am Werk des Sohnes mitzuarbeiten, indem sie alles guthieß, was seine Nachfolger für richtig hielten. Doch das, was die Evangelisten erzählen, kann nicht auf die Erzählung einer Frau zurückgehen, ganz einfach deshalb, weil in den Vorgängen, die Männer nicht erleben und nicht empfinden, der Mangel an weiblicher Empfindsamkeit so klar zutage tritt.

Bei näherer Analyse dessen, was uns erzählt worden ist, bemerken wir eine Reihe von Widersprüchen und handfesten Schwierigkeiten, die den Erzählern entgangen sind, eben weil sie »Männer« waren. Da ist zu allererst das Problem der Unreinheit, die mit der Menstruation verbunden ist. Dieses Problem entkräftet das, was über den Zweifel Josephs, wie auch das, was über die Verkündigung berichtet wird. Was die Verkündigung betrifft, so ist es einleuchtend, daß eine Frau, ehe sie sich einer Schwangerschaft sicher sein kann, das Ausbleiben des Zyklus für mindestens zwei oder drei Monate abwarten muß. Für ein Mädchen nun, das noch keine sexuellen Beziehungen gehabt hat, gilt dies um so mehr, zum einen, weil in der Pubertät der Zyklus oft unregelmäßig ist und einen Monat oder länger ausbleiben kann, ohne daß man es vorhersehen könnte, und zum andern, weil, wie tief der Glaube Marias auch gewesen sein mag, der Engel (gemäß der Erzählung) ihr nicht gesagt hatte, in welchem Monat sie empfangen würde. Aber eine Jüdin mit unregelmäßiger Mensis ist praktisch immer unrein. Der Mann darf sie nicht berühren, darf nicht am selben Tisch mit ihr essen, keinen Gegenstand anfassen, der mit ihr in Berührung gekommen sein könnte. Sie ist immer unrein, weil sie nicht vorhersehen kann, wann die Blutung auftreten wird, und sie muß stets annehmen, daß sich das Blut bereits in der Gebärmutter sammelt. Wenn wir bedenken, daß Maria mindestens die ersten zwei oder drei Monate abgewartet hat, ehe sie sich ihrer Schwangerschaft sicher war, was wird sie dann Joseph hinsichtlich ihrer Unreinheit gesagt haben? Warum hat sie ihm nicht von dem Besuch des Engels erzählt? Der Engel hatte ihr kein Schweigen auferlegt. Es scheint klar zu sein, daß sich Maria Joseph nicht anvertraute. Andererseits war das Sich-Anvertrauen keine leichte Entscheidung. Wie wir gesehen haben, unterlag die Verlobte der Verpflichtung zur Treue und wurde, wenn sie dagegen verstieß, gesteinigt. Doch auch die Entscheidung, nicht mit ihm über ihre Unreinheit zu sprechen, war keine Kleinigkeit. Den Mann unrein zu machen, ohne daß er es weiß, ist ein überaus schwerer Verstoß gegen das Gesetz. Im *Matthäusevangelium* heißt es: »Joseph, ihr Mann, der gerecht war und sie nicht bloßstellen wollte, beschloß, sich in aller Stille von ihr zu trennen.« (1. Matth 19) Da Maria nicht geredet hat, müssen wir annehmen, daß die Schwangerschaft bereits sichtbar war, als Joseph sie bemerkte – also frühestens im fünften Monat, wenn nicht später, bedenkt man, daß ein anständiges Mädchen, das dicker wird, zu allerletzt der Schwangerschaft verdächtigt werden darf. Aber auch hier: Warum hat Joseph sie nicht gefragt, was ihr zugestoßen ist? Es sei denn, er hat sie gefragt und ihr nicht geglaubt. Warum wird nun aber im *Evangelium* behauptet, daß er gerecht gewesen sei? Nach den Tatsachen zu urteilen, war er ein Mann wie alle anderen, bereit, das Schlimmste anzunehmen, wenn es sich um Ehebruch handelte. Man hat es anscheinend mit dem tragischen, aber auch üblichen Verhältnis zwischen einer zur Ehefrau bestimmten und folglich jeglichen persönlichen Zutrauens beraubten Frau und einem auf die eigene »Ehre« bedachten Mann zu tun, der kein Vertrauen zu der Frau hat, die ihm zugeführt worden ist. Wenn man dann noch das Gesetz berücksichtigt, das die Ehebrecherin zur Steinigung verurteilt, so hat es nicht gerade den Anschein, als dürfe man Joseph gerecht nennen. Ein Mädchen, das noch fast ein Kind ist, kann auch gegen seinen Willen schwanger werden, einer Vergewaltigung zum Opfer gefallen, von einem Verwandten oder alten Freund überwältigt worden sein. Joseph hat hinsichtlich des Betrugs keine Zweifel gehegt, er hat Maria nicht gefragt und sie als Ehebrecherin verurteilt, ohne ihr auch nur ein Wort der Rechtfertigung zu erlauben.

Wollen wir aber einem Netz von Angaben entgehen, die offensichtlich mit dem wirklichen Leben wenig zu tun haben, so bemerken wir, daß das Interesse der Evangelisten ausschließlich darin besteht, die wundersame Geburt Jesu, seine Gotteskindschaft, zu bekräftigen. Der Traum des Joseph, in dem ihm ein Engel verkündet, daß die Schwangerschaft Marias das Werk des Heiligen Geistes ist, dient dieser Absicht. Von daher rührt die gröbliche Naivität der Erzählung und die darin ablesbare absolute Gleichgültigkeit gegenüber dem konkreten Verhalten, das sich daraus ergibt. Indem die Evangelisten aus diesen beiden Personen außergewöhnliche Wesen machen wollten, haben sie sie in Wirklichkeit auf das elementarste Verhältnis zwischen Mann und Frau reduziert. Besser gesagt: Sie haben nicht im mindesten der Komplexität der weiblichen Existenz, was Ehe und Schwangerschaft anbelangt, Rechnung getragen, noch dazu in einem Kontext wie dem des jüdischen Gesetzes, sondern sich auf brüchige Handlungsgerüste gestützt, denen nur auf der Basis von stereotypen Gemeinplätzen anscheinend eine gewisse Logik innewohnt. Wir haben es hier erneut mit jener Dimension des Christentums zu tun, die am unerklärlichsten erscheint. Sie besteht darin, daß die Jünger Jesu bei der Vermittlung der Werte, die jener aufgestellt hatte, die jüdische Mentalität beibehielten, da sie die Grundauffassung von der Bedeutung des leiblichen Erbes nicht aufgeben konnten. Um Gott zu sein, muß Jesus konkret der Sohn Gottes sein. Das heißt, sie hielten die jüdische Vorstellung von der Bedeutung des »Blutes« aufrecht, während Jesus gerade das Gegenteil verkündet hatte. Eben um die genetische Erbschaft Jesu als eines Gottes zu beweisen, mußten die Jünger ausweglose »logische« Schwierigkeiten lösen, es sei denn, sie nahmen »Wunder« zu Hilfe. Doch das Wunder ist ein singuläres Ereignis, dessen Außergewöhnlichkeit angesichts der Dauer und der Konkretheit des Lebens nicht bestehen kann. Hier nimmt der lange Weg der Theologie seinen Anfang, der Maria in ein übermenschliches Wesen verwandeln sollte: in die Madonna.

Ein unehelicher Sohn

Setzen wir die mit der Verkündigung begonnene Analyse fort, so erkennen wir sogleich, worin die konkreten Schwierigkeiten bestanden, die die Jünger mit ihrer Darstellung des Leben Jesu zu lösen versuchten. Jesus mußte zugleich Gott und Mensch sein. Während man an dem Prinzip festhält, daß das Wesen vom Vater komme und daß umgekehrt die Geburt Jesu sein Menschsein bezeuge, wird ansonsten alles auf die wundersame Schwangerschaft einer Jungfrau zugeschnitten: Dies ist der Grundsatz der *mater semper certa*. Wenn man sagen kann, wer die Mutter ist, bestätigt man die Menschennatur Jesu. Aber in der jüdischen Gesellschaft ist einer, der keinen Vater hat, ein Niemand. Eine unverheiratete Mutter gilt als leichtes Mädchen, und ihre Kinder sind namenlose Bastarde, unrein, weil man ihre »Ahnenreihe« nicht kennt. Maria muß also ganz legal verheiratet sein. Von daher erklärt sich die Existenz Josephs. Für die Gesellschaft ist Joseph der Vater. Die Theologen behaupten, daß Joseph in seiner Eigenschaft als gesetzlicher Vater der Adoptivvater ist, aber man begreift leicht, daß es sich um eine Fälschung handelt. Joseph ist weder das eine noch das andere. Wenn es wahr ist, daß nach jüdischem Gesetz ein Adoptivsohn die gleichen Rechte wie ein leiblicher Sohn genießt, so ist auch wahr, daß Joseph, als Ehemann Marias, für den leiblichen Vater gehalten wird, obwohl er dies faktisch nicht ist, weil er Jesus nicht adoptiert haben kann. Denn wenn er ihn adoptiert hätte, hätte er zugeben müssen, daß Jesus nicht sein Sohn ist. Man begegnet darum hier zwei Menschen, die, so wie sie die Evangelisten schildern, sich selbst und der Gesellschaft gegenüber ein Leben permanenter Unaufrichtigkeit führen und, da für einen Juden die Befolgung des Gesetzes gleichbedeutend mit der Befolgung des Glaubens ist, auch gegenüber Gott. Trotz der Anstrengungen der Bibelexegeten, den Evangelienbericht zu rechtfertigen, bleibt Jesus ein illegitimer Sohn, wie auch das Leben dieser Menschen ungesetzlich ist mit all den Folgen, die die Schuld für einen strenggläubigen Juden mit sich bringt (Illegitimität und Schuld sind in der jüdischen Gesellschaft ein und dasselbe). Denn wie hätten unreine Juden, die schon deshalb außerhalb des Gesetzes standen, das Gesetz befol-

gen können, was uns doch mehrmals in den Erzählungen der Evangelisten nahegelegt wird?

Natürlich ist die anthropologische Analyse, wie wir
bereits betont haben, nicht an der Zuverlässigkeit dessen interessiert, was da behauptet wird. Ihr Interesse
richtet sich vielmehr auf den Standpunkt des Erzählers
und der Theologen, die allmählich den Glauben an das
Geschilderte bekräftigt haben. Das Problem bleibt stets
gleich. Es gilt zu erklären, warum die Evangelisten und
ihre Nachfolger die jüdischen Glaubensüberzeugungen
erhalten wollten und sich, um die göttliche Geburt Jesu
zu behaupten, in unlösbare Schwierigkeiten verwickelten, obwohl sie eine vollkommene Mißachtung des jüdischen Gesetzes beweisen. Die Mißachtung des jüdischen Gesetzes tritt in dem Verhalten, das Maria und
Joseph zugeschrieben wird, offen zutage. Aus religiöser
Sicht gibt es nämlich kein größeres »Sakrileg« – d.h.
nichts ist verachtenswerter – als die nur scheinbare Befolgung der Gesetze. Wenn die Evangelisten Joseph und
Maria diese Mißachtung der Gesetze zuschreiben, so
nur deshalb, weil sie selbst das jüdische Gesetz verach-
ten.

Ohne Vorläufer

Die Tatsache, daß ein Mann den Bericht von der
Schwangerschaft Marias und der wundersamen Geburt
Jesu abgefaßt hat, wird in der Erzählung von dem Besuch Marias bei Elisabeth, der Mutter des Johannes,
sehr deutlich. So heißt es im *Lukasevangelium:* »Nach

einigen Tagen machte sich Maria auf den Weg und eilte in eine Stadt im Bergland von Judäa. Sie ging in das Haus des Zacharias und begrüßte Elisabeth. Als Elisabeth den Gruß Marias hörte, hüpfte das Kind in ihrem Leib. Da wurde Elisabeth vom Heiligen Geist erfüllt und rief mit lauter Stimme: Gesegnet bist du mehr als alle anderen Frauen, und gesegnet ist die Frucht deines Leibes. Wer bin ich, daß die Mutter meines Herrn zu mir kommt? In dem Augenblick, als ich deinen Gruß hörte, hüpfte das Kind vor Freude in meinem Leib. Selig ist die, die geglaubt hat, daß sich erfüllt, was der Herr ihr sagen ließ.« Nach dem *Magnificat* endet der Text mit der Behauptung: »Und Maria blieb etwa drei Monate, bei ihr; dann kehrte sie nach Hause zurück.« (1. Luk 39–45,56)

Auch aufgrund dieses Berichts wird gewöhnlich angenommen, daß Maria es war, die Lukas die Begebenheit erzählte. Diese Hypothese läßt sich leicht widerlegen. Alles, was Johannes den Täufer als »Vorläufer« Jesu betrifft, geht offensichtlich auf das Bemühen der Jünger zurück, das Leben Jesu mit den »Prophezeiungen« in Einklang zu bringen, damit das Messianische gemäß der im Alten Testament beschriebenen »Zeichen« verbürgt wird. Im Werk des Johannes gibt es hingegen keine Verbindung zum Wirken Jesu. Der Täufer bewegt sich im Umfeld der jüdischen Denkweise, geht äußerlichen und formalen Übungen der Askese, der Buße und des Gebets nach, die im vollkommenen Gegensatz zu dem stehen, was Jesus getan und gelehrt hat. Die eindrucksvollste Handlung des »Täufers«, von der uns die *Evangelien* berichten, ist die »Taufe« (daher sein Beiname), mit der er zur Buße aufruft und das baldige

Kommen des Erlösers ankündigt. Es gibt nichts Gegen-
sätzlicheres zu dem, was Jesus tut. Wie wir gesehen haben, hat Jesus die Reinigungshandlung mit Wasser verboten und behauptet, es könne nichts Äußeres den
Menschen beflecken. Die Annahme, man könne sich
auch von den Sünden durch die Kraft des Wassers reinigen, ist der Lehre Jesu nicht nur diametral entgegen-
gesetzt, sondern sogar ein totaler Verrat an ihr. Außerdem widmet sich Johannes wie alle Juden nur den
Männern. Gewöhnlich wird dieser Aspekt deshalb
nicht angesprochen, weil er selbstverständlich ist. Die
Taufe des Johannes ersetzt nicht die Beschneidung,
sondern ergänzt sie. Bekanntermaßen hatte Petrus seinem Beispiel folgen und die Beschneidung auch für die
Christen beibehalten wollen. Man braucht nicht eigens
hervorzuheben, daß, wenn die Beschneidung ein
männlicher Ritus ist, es die Taufe auch sein muß. Unter anderem ist es, auch wenn man von den Frauen, die
überhaupt nicht erwähnt werden, absieht, durchaus
einsichtig, daß sie nicht im Fluß getauft werden konnten, da sie sich, wie es vorgeschrieben war, vor allen
hätten entkleiden müssen.

Wie wir bereits dargelegt haben, findet man sich gerade dann mit der jüdischen Denkweise der Jünger Jesu
konfrontiert, wenn diese sich von ihr entfernen möchten.
Mit der Schilderung von Marias Besuch bei der Mutter
des Täufers will man die Sendung des »Vorläufers« bekräftigen. Diese Bekräftigung geht einher mit den üblichen männlichen Vorstellungen vom Leben der Frau,
die so stereotyp sind, daß sie die Wahrnehmung der
mangelnden Selbstbestimmung und Freiheit, worin die
Frauen gefangen sind, verhindern. Es ist die Rede

von einer Reise Marias in eine Stadt in Judäa (die man heute aufgrund archäologischer Studien als das sechs Kilometer von Jerusalem entfernte Städtchen Ain-Karim identifiziert), als ob einer verheirateten und schwangeren jungen Frau eine Reise von mehr als 300 km zwischen Hin- und Rückweg überhaupt möglich gewesen wäre. Eine Frau konnte unter keinen Umständen allein reisen. Außerdem hätte sie Joseph um Erlaubnis fragen müssen, um für mehrere Monate wegzugehen, wo sie doch gerade zusammenziehen wollten. Wir müssen infolgedessen unterstellen, daß Maria viele Lügen erzählt hat, da sie als Grund weder ihre Schwangerschaft, von der Joseph nichts wußte, noch die der Elisabeth anführen konnte. Wie andererseits, wenn nicht durch die Verkündigung des Engels, hätte Maria rechtfertigen können, daß sie von der Schwangerschaft einer weitläufigen Verwandten wußte, die in einer ganz anderen Gegend wohnte?

Neben diesen Schwierigkeiten begegnen uns noch andere, die viel schwerer wiegen. Ein Mädchen, das noch »Jungfrau« ist, d. h. nach dem Gesetz noch nichts von sexuellen Beziehungen weiß, war damals (heute ist es anders) gewiß nicht die Person, die einer Gebärenden beistehen konnte, und das sowohl aus Gründen der keuschen Zurückhaltung als auch, weil sie nicht über die Erfahrung verfügte, dem einzigen medizinischen Wissen, von dem die Gebärenden Gebrauch machten. Die Unbefangenheit, mit der Vorgänge dieser Art geschildert werden, spricht für sich: Die Verfasser des Berichts sind Männer, und diese vergessen oder verdrängen mühelos das Dramatische einer Schwangerschaft und einer Entbindung sowie die Sorge und Angst, die damit verbunden sind. Es entgeht ihnen die gewohnheitsmäßige Scham und die Meidung, die diese Vorgänge als höchsten Ausdruck der Sexualität umgeben.

Daß es sich für die Verfasser der *Evangelien* um Phänomene handelt, die sie nur aufgrund gröblicher Gemeinplätze kennen, legt im übrigen die Naivität nahe, mit der sie meinen, Maria werde von dem Fötus, der sich in Elisabeths Bauch bewegt, als die Muttergottes erkannt. Selbst wenn wir uns jeder weiteren Bemerkung über die Phantasiearmut dieser Episode enthalten, so fällt doch einmal mehr das Desinteresse an der Welt der Frau, für das, was sie während der Schwangerschaft und in ihrem Leben als Mutter erleidet und erlebt, auf. Dagegen wird der Akzent auf einen banalem Vorgang gelegt, der keineswegs als wunderbares Zeichen gedeutet werden kann. Der Fötus bewegt sich in der Gebärmutter schon wesentlich früher als im sechsten Monat. Er bewegt sich so häufig, daß, falls eine Mutter ihn nicht spürt, Anlaß zu der Befürchtung besteht, daß er abgestorben sein könnte. Folglich darf man annehmen, daß die Episode eine reine Erfindung ist und im großen und ganzen nur der sich den Evangelisten stellenden Notwendigkeit entspricht, den Vorläufer des Messias den Prophezeiungen gemäß kenntlich zu machen. So erklärt sich auch der Gesang des *Magnificat*, der Maria als Antwort auf den Gruß Elisabeths in den Mund gelegt wird. Daß es sich um eine kenntnisreiche Wortfolge handelt, deren Autor Einblick in die Schrift besaß, ist die Überzeugung der meisten Bibelexegeten. Man braucht dies daher nicht eigens zu kommentieren, sondern muß sich nur ins Gedächtnis rufen, daß zu der Erziehung eines jüdischen Mädchens nicht das Studium der Heiligen Schrift gehörte. Dies war allein den Männern vorbehalten. Wie wir bereits gesehen haben, konnten die Frauen nicht lesen und kannten nur die formelhaften, obligatorischen Gebete und häuslichen Riten auswendig, die die Segnungs- und Reinigungshandlungen betrafen.

Symbolik und Konkretheit

Wir sollten uns vielleicht an dieser Stelle in Erinnerung rufen, wie viel bereits über die Übertragung vom Konkreten zum Symbolischen und vom Symbolischen zum Konkreten gesagt worden ist. Das Werk der Jünger Jesu ist hierdurch gekennzeichnet, und die Theologen wenden sie fortlaufend an, um die Interpretationsprobleme zu lösen, die sich aus der Notwendigkeit, immer am »Offenbarten« festzuhalten, ergeben. Logischerweise haben sich die Bibelexegeten immer wieder auf die konkreten Aspekte der Mutterschaft Marias und auf die symbolischen Aspekte einiger Texte, wie die sog. »Kindheitsevangelien« gestützt. Lukas, wie auch die anderen Evangelisten, wird als »literarischer« Autor angesehen, und folglich können die Ausdrücke, deren er sich bedient, Ausdrücke seiner Wahl sein und müssen nicht notwendig mit dem Bericht übereinstimmen, den er vielleicht von Maria oder anderen Zeitzeugen Jesu erhielt. Diese scheinbare literarische Freiheit wird jedoch dadurch preisgegeben, daß das Dogma auf präzisen Begriffen errichtet wird. Es genügte, diesbezüglich auf das Dogma von der Unbefleckten Empfängnis zu verweisen,

das ohne die konkrete, nämlich anatomische Jungfräulichkeit Marias nicht bestehen könnte –, die die Interpreten zu der Verfälschung des Begriffs »Jungfrau« gezwungen hat. Andererseits hat die »sexuell« bestimmte
Vorstellung der Juden von der Existenz, die sich dauernd im Alten Testament widerspiegelt, den Verfassern
des Neuen Testaments dieselbe Vorstellung auferlegt.
Es gibt keinen Raum für irgendwelche Analogiedeu-
tung.

Wie die Beschneidung und die Reinigungshandlungen von der Konkretheit des religiös-sexuellen Erlebens
in der jüdischen Kultur Zeugnis ablegen, so hat man es
bei der Grundlegung des Christentums mit einer anderen Organisation des sexuellen Lebens zu tun. Es ist
der Beweis dafür, daß jedes Symbol, jedes Bild sich auf
konkrete Vorstellungen gründet und auf das Leben zu-
rückverweist. Eine stringente sexuelle Logik führt die
Christen in rasende Dispute über die Rolle der Sexualität, zum Verzicht auf Sexualität und zu einer Geschichte, die noch heute die christliche Welt kennzeichnet: Der Vorrang der Sexualmoral. Jesus hatte so wenig
hierzu gesagt, daß es überraschend wäre, den Sexus im
Mittelpunkt der Aufmerksamkeit seiner Nachfolger zu
finden, wenn die Voraussetzungen nicht bereits im Alten Testament gelegt worden wären. Maria, die Tochter Zions, Israels, wird tatsächlich zur Braut Gottes,
zur Mutter Gottes und zur Braut seines Sohnes. Die
offensichtliche Körperlichkeit dieser Vorstellungen
wird uns nicht bewußt, weil wir gewohnt sind, sie symbolisch zu verstehen. Aber die Dogmen, die sich über
den »Körper« der Madonna häufen, zeugen für diese
Leiblichkeit und für den besessenen Anspruch der

Christen, die eigene sexuelle Identität in eine Ordnung zu bringen, indem Männlichkeit und Weiblichkeit durch ein Wahngebilde neu definiert werden. Die theologische Geschichte der Madonna ist die Konstruktion dieses Gebildes.

4. Kapitel
Die »Madonna« als eine Kultur-Konstruktion

Während der ersten Jahrhunderte des Christentums gilt sowohl im Orient als auch im Abendland der Marienkult der *Theotókos*, der Muttergottes, in ihrer Eigenschaft als Mutter sowohl des Menschen als auch des Gottes Jesu. Mit diesem Merkmal verbindet sich das der Jungfräulichkeit. Wie sehr dieses Merkmal der Behauptung der Vaterschaft Gottes, der sie befruchtet hat, auch dient, so beginnt doch mit der Jungfräulichkeit einer gebärenden Frau das logische Dilemma, das zur Entstehung des »Madonna«-Bildes führt.

Wir haben es hier erneut mit der jüdischen Mentalität der Nachfolger Jesu zu tun. Die Vorstellung, daß der Sexualkontakt beflecke, unrein mache, ist aus den uns bekannten Gründen stark ausgeprägt. Durch den Koitus wird der Mann in einen Zustand der Unreinheit versetzt, aus dem er sich mit Hilfe von Reinigungsritualen befreien muß. Nur so wird er der Beziehung zu Gott, dem einzig wahren Gemahl des Juden, wieder würdig. Der weibliche Körper ist das »Behältnis« für das Heiligste – die Essenz der Männlichkeit, das Sperma. Daher muß er von jeglichem anderen Kontakt vollkommen rein sein. Das Gesetz des Levirats, von dem wir bereits gesprochen haben, basiert auf dem Grundsatz, daß der »Ort«, in den der Mann seinen Samen versenkt hat, im

Falle seines Todes, dem Bruder gehören soll. Dies ist ein äußerst konkretes Verfahren, um zu verhindern, daß die Heiligkeit der Essenz mit Fremden in Kontakt kommt. Doch bereits hier wird die Funktion des weiblichen Körpers deutlich. Er ist der Ort der Kommunikation der Männer untereinander und zwischen den Männern und Gott. Die Eifersucht, mit der die Frauen überall verteidigt, beschützt und versteckt werden, hat nichts mit ihnen als Individuen zu tun. Was man verteidigt, ist ihr Körper, dem die Potenz des Mannes übergeben wird. Seine Vermittlungsfunktion zwischen den Männern, die dem »Tausch«, den Heirats- und Beistandsbündnissen, zugrunde liegt, ist bei all jenen Völkern klar ersichtlich, bei denen die Gewohnheit bestand und besteht, die Frau vor ihrer Übergabe an den Ehemann durch den Vater, den Medizinmann oder den Häuptling eines Stammes zu entjungfern. Diese Gewohnheit betrifft auch die Frau, die man dem Feind antraut, um auf diese Weise die Freundschaftsbeziehung zu bestätigen. In dem Recht der ersten Nacht, das dem König oder dem Feudalherrn zustand, sowie in der Gepflogenheit, einem angesehenen Gast die eigene Ehefrau auszuleihen, war dieser Brauch auch in Europa lebendig. Auf jeden Fall gehört der Körper der Frau den Männern und fungiert als Behältnis, um die Essenzen auszutauschen und zusammenfließen zu lassen. Auf symbolisch-konkrete Weise geschieht dies dort, wo die Essenzen nacheinander hineinversenkt werden, und auf direkte Weise dort, wo sich die Männer im Gruppenkoitus des weiblichen Körpers als eines für den einzig wahren Geschlechtsakt bestimmten Instruments bedienen, für den Geschlechtsverkehr der Männer untereinander. Mit anderen Worten: Auf der kulturellen

Ebene, d. h. auf jener der Bedeutungen, gibt es nur die Geschlechtlichkeit des Mannes, und der einzig »rechtmäßige« Geschlechtsakt ist der zwischen Männern.

Der Sohn: Garant der Erlösung

Infolge der Analogie von sexueller Potenz und absoluter Macht dient die Ausübung von bzw. der Verzicht auf Sexualität bei allen uns bekannten Völkern dazu, sich in Beziehung zum Überirdischen zu setzen, das als die Macht schlechthin vorgestellt wird. Wenn der Tod aus dem Jenseits kommt, so kommt auch das Leben aus dem Jenseits. Das ist die Funktion des »Sohnes«. Die »Kinder« – ein Ausdruck, der nicht gebräuchlich ist – sind in keiner Gesellschaft jemals von Bedeutung gewesen. Einzig die Tatsache zählt, daß es einen »Nachkommen« – selbstverständlich männlichen Geschlechts – gibt. Durch sein Kommen aus der jenseitigen Welt verbürgt er deren Existenz und die eigene Zugehörigkeit zu eben dieser. Der Sohn ist der Stellvertreter des Vaters, was bedeutet, daß er nicht für sich selbst, sondern für den lebt, den er vertritt. Er vertritt ihn, um ihn vom Tode zu erretten, aber nicht indem er das Leben auf der Erde weiterführt, wie man gemeinhin annimmt. Nichts, was mit dem Erdenleben zu tun hat, hat jemals für irgend jemanden eine Rolle gespielt. Für das Weiterleben im Jenseits hat man übermenschliche Anstrengungen unternommen, aber überhaupt nichts getan, um im Diesseits zu überleben. Erst im vergangenen Jahrhundert ist in Europa der Kampf gegen die Kindersterblichkeit aufgenommen worden. Stets hat sie die Gemüter erregt und tut es noch immer, ohne daß man etwas zu ihrer Verhinderung unternommen hätte, außer viele Kinder zu zeugen. Folglich gab es keine Kinderheilkunde. Aber man errichtete Pyramiden, Dolmen, Obelisken, Stelen, Glockentürme, Tempel aller Art, die Unsterblichkeit verheißen und in dem angestrengten »sich Aufrichten« den Willen des Menschen bezeugen, in alle Ewigkeit mächtig zu sein.

Der Sohn gewährleistet also die Rettung vom Tode, oder besser: die »Rettung« schlechthin, weil Rettung mit Nicht-Tod identisch ist. Aufgrund des Mechanismus, den wir kennengelernt haben, werden die Söhne als Opfer dargebracht: ich töte (opfere) dir, Gott, die Frucht meiner »Potenz«. Ich töte den, der mich vertritt, weil er Zeugnis ablegt von meiner Potenz, und durch dieses Opfer werde ich gerettet. Das Kindes-Opfer gibt es bei jedem Volk, auch bei den Juden im Altertum, wie aus einigen Stellen des Alten Testaments klar hervorgeht. Es ist die Entsprechung zu dem Opfer der Vorhaut. Sobald der »Sohn« par excellence, Symbol für alle Söhne, geopfert sein wird, ist auch die Beschneidung nicht mehr nötig. Im Christentum findet die Logik des Sohnes-Opfers ihre Anwendung auf Gott. Gott schickt seinen Sohn und opfert ihn, damit die Menschen zu ihm zurückkehren, die »Seinen« sein können. Er stellt also seine »Potenz«, die Frucht seiner sexuellen Beziehung mit einer Frau den Menschen zur Verfügung, die ihn verraten haben. Der »Mann« wird zum wahren Opfer, stirbt konkret, ohne symbolische Ersatzhandlungen, auf daß die Ehe zwischen Gott und den Menschen Wirklichkeit werden könne.

Der Umstand, daß im Begriff des Sohnes die stillschweigende Bedeutung, die er in der jüdischen Kultur hatte, und die ausdrückliche und bewußte der griechisch-römischen Kultur zusammentrafen, erleichterte seine begriffliche Ausarbeitung im Christentum. Sowohl in Griechenland als auch in Rom ist die Zugehörigkeit des Sohnes zum Vater ein Rechtsfaktum, und zwar mit der ganzen Verbindlichkeit, die eine juristische Formulierung nach sich zieht. Sehr klar ist überdies der Begriff »Person«, verstanden als »Subjekt«, in der Kontinuität zum Vater bestimmt, so daß die Erbschaftsrechte des Sohnes noch vor seiner Geburt festgelegt sind. Aus dem Zusammenspiel dieser Faktoren leitet sich im Christentum sowohl die theologische, konkrete Vorstellung des vom Vater gewollten Gottessohnes ab als auch die Idee vom Sohn als Person in der Dreieinigkeit, und dies trotz des absoluten Monotheismus bei beiden, Juden und Christen.

Mit einer Heftigkeit, wie sie nur aus dem für selbstverständlich Erachteten erwächst, greifen die Kirchenväter diese Kontinuität der stellvertretenden Opferung auf und »opfern« Gott den Sohn, den sie zusammen mit Brot und Wein in einer Heiligen Handlung und mit dem schriftlichen Gesuch auf Annahme ihrer *devotio* auf den Altar legen. Das *gespendete* Kind (so der rechtliche Terminus) verbringt sein ganzes Leben im Kloster, es hat kein Anrecht auf sein Erbe, weil es für den Vater gestorben ist, und wird Kraft des väterlichen Opfers Mönch, wie das Konzil von Toledo im Jahre 636 verfügt: »*monachum aut paterna devotio aut propria, professio facit.*« Im Zuge der gesellschaftlichen Entwicklung verschwindet gegen Ende des XVIII. Jahrhunderts die Darbringung der Söhne. Doch aus Gründen, die mit dem Prinzip der Sohnes-Opferung zusammenhängen, hat die Kirche ihr niemals abgeschworen. *»Secundum legem debet mori!«* schrie der Heilige Vinzenz Ferrer während der Bußprozessionen und trieb seine Zuhörer zur Selbstgeißelung an, damit sie Christus ähnlich würden. Es ist der schreckliche Wille des Vaters, der ihn zum Tode bestimmt hat. Aber die Notwendigkeit, den Sohn zu opfern, ist so offenbar, so tief im kulturellen Unterbewußtsein verwurzelt, daß Freud mit dem Diktum: »Es ist der Sohn, der den Vater töten will« das Gegenteil hat behaupten können, ohne daß die geschichtliche Wirklichkeit ihm oder all denen, die sich an seinen Theorien begeistert haben, in die Augen gesprungen wäre.

Die körperliche und moralische *»Verschließung«* der Frauen

Wenn also das Kind aus der überirdischen Welt des Jenseits kommt, einer Welt, in der es ein Leben nach dem Tode gibt, so ist der weibliche Körper der »Kanal«, der zu jener Welt die Verbindung herstellt und dem Kind den unerläßlichen Durchgang ermöglicht. In der Medizin spricht man tatsächlich vom »Geburtskanal«. Die Theologen bezeichnen die Madonna als »Vorhof«, als »Hals«, der heilige Bernhard nennt sie »Aquädukt«. Symbolisch und konkret wird die Öffnung des weiblichen Körpers als Kommunikationssystem, als System der Beziehung und des Austausches begriffen. Sie begründet die Möglichkeit der Sprache und der »Gabe«, die das Bündnis aufrechterhält. Es ist kein Wunder, daß die Juden und die Christen, wie auch die Griechen und Römer, den Körper als »Form« der Wirklichkeit auffassen. Mehr oder weniger bewußt tun dies alle Völker. Anders als man gewöhnlich meint, ist es nicht die Erde, der der menschliche Körper ähnelt, indem die Adern den Flüssen, seine Sekrete dem Samen und die menschliche der kosmischen Polarität analog sind. Es ist im Gegenteil die Welt, die Natur, der Kosmos, der auf der paradigmatischen Form des menschlichen Körpers gründet. So ähnelt nicht die Frau der zu bebauenden Erde, sondern die Erde ist dem Schoß der Frau analog, so daß jene bei einigen Völkern an bestimmten Tagen »gemieden« werden muß, nicht bepflügt werden darf, weil sie »menstruiert«. Dementsprechend wird der Körper der Madonna zum Kosmos, zum Mittelpunkt der Welt, zum irdischen Paradies, zum Lebensquell, zum Meer, zum Himmel.

In der Tat stellt gerade dieses Verfahren der Analogisierung von Symbolischem und Konkretem das tiefgründigste Problem dar und ist außerordentlich schwer zu verstehen. Dies gilt in der jüdisch-christlichen Geschichte vor allem da, wo konkrete Körpereingriffe auf die symbolische oder zumindest symbolisch-konkrete Ebene übertragen werden und gemäß der »konkreten« eine operative, magische (nämlich wirkende) Bedeutung annehmen. Von der Beschneidung, einem nachhaltigen Eingriff in den Körper geht man zur Taufe über, die allerdings den Körper nicht umformt und nicht manipuliert.

Der weibliche Körper wird daher tabuisiert, vor allem in den Zeiten, in denen er am »offensten« ist: während der Mensis, der Geburt und des Kindbetts. Mit wenigen Abweichungen von einer Epoche zur anderen, von einem

Ort zum anderen, erscheint die Frau in regelmäßiger Wiederkehr stets auf eine gefährliche Weise mit dem Jenseits, mit der Schöpferin Natur verbunden, wodurch sie dem gesamten Universum gleichgestellt wird. Die Periodizität aber macht sich durch eine Öffnung und durch die Bildung und den Austritt eines Elements bemerkbar, das, wie immer man es auch auffaßt, Zeichen des Lebens und zugleich Zeichen des Todes ist. Gewöhnlich ist die Tabuisierung des Blutes mit einer Tabuisierung der Menstruation verknüpft. Doch in Wirklichkeit ist alles viel komplizierter. Das Menstrualblut ist »schlechtes« Blut, es ist Gift, todbringend für die Männer. Dieser Gedankengang läßt sich leicht nachvollziehen. Das Blut ist das Gegenteil des Spermas, das als Inbegriff des Lebens gilt, oder anders gesagt, es signalisiert die Verwesung des Spermas. Bis in die Neuzeit hat man es tatsächlich für das weibliche Sexualsekret gehalten, das ausgestoßen wird oder sich im Falle der Schwangerschaft in einem Embryo und danach in die Milch der Wöchnerin verwandelt.

Die Männer fliehen vor dem »offenen« Körper der Frau wie vor dem leibhaftigen Tod, während sie sich (im Krieg, im »Opfer«) freiwillig in den Tod stürzen, überzeugt davon, töten zu müssen und sich töten lassen zu müssen, damit sie das Leben erlangen. Im Augenblick ihrer Menstruation bringt die weibliche Sexualität gerade den Glauben an die männliche Potenz, an die Unsterblichkeit in Gefahr. Denn das Körper-Behältnis stößt die Essenz, die Manneskraft, aus und öffnet sich gleichzeitig dem Überirdischen in einer Art von Übereinstimmung, die sich der Kontrolle des Mannes entzieht.

Tatsächlich übt das Priestertum die männliche Kontrolle über die göttliche Welt aus. Das wirkungsmächtige Wort ist ein ausschließlich dem Manne vorbehaltenes Instrument, dem Penis analog, der das erste Projektionsinstrument ist, das der Mensch kennt. Auch das Wort ist Projektion nach außen und schafft eine Wirklichkeit, die es in der Natur nicht gibt. Deshalb ist Gott das Wort, schöpferisches Wort, und der Mensch macht es zu seinem Instrument, um mit *ihm* in Verbindung zu treten, um mit *seiner* Macht übereinzukommen. Gott jedoch sichert sich ab, indem er sich der *Heiligen Schrift* bedient, die die Projektion der Projektion (des Wortes) und folglich noch wirkungsmächtiger ist.

Die Frau unterliegt der äußeren Kontrolle, weil ihr Körper selbst das Verbindungsmedium ist und weil durch ihre Physiologie das Überirdische in Erscheinung treten kann. Den Frauen sind deshalb stets das Wort wie auch das Priestertum untersagt. Genießen sie doch eine überirdische Macht, die keinen Regeln gehorcht und unmittelbar, »natürlich«, der Biologie verhaftet ist. Die Beharrlichkeit, mit der die Frauen *verschlossen* werden, könnte man psychotisch nennen, stünde dabei nicht das einzige auf dem Spiel, was wirklich zählt: die Unsterblichkeit. Die Herrschaft über die Öffnung des weiblichen Körpers wird zu einem tief innerlich verankerten Verlangen, zur Denkstruktur, zur grundlegenden Bedingung der Gesellschaft. Alle möglichen Methoden werden angewandt: von der konkreten Verschließung bis zur symbolischen. Welche rationalen Gründe könnte man für einen Eingriff wie den der Infibulation anführen? Die Entfernung der Klitoris und das Zunähen der Scheidenöffnung (das nur ein winzig kleines *speculum* ausspart) wird schon seit so undenklich langer Zeit durchgeführt, daß man nicht sagen kann, wann damit begonnen wurde. Noch heute ist dieser Eingriff bei vielen afrikanischen und indischen Völkern gebräuchlich. Die Infibulation macht die chirurgische Wiederöffnung bei der Geburt (und weil der Arzt jedesmal dafür sorgt, daß die Wöchnerin wieder zugenäht wird, bei allen weiteren Geburten) erforderlich und kann wegen des Rückstaus des Menstrualblutes schwerste Infektionen zur Folge haben, ganz abgesehen davon, daß die Frau jeglicher sexuellen Befriedigung beraubt wird.

Neben der konkreten Verschließung finden wir solche moralischer Art, wie etwa die Verpflichtung zur Jungfräulichkeit, deren Verlust mit der Todesstrafe geahndet wird und die daher das gleiche bedeutet wie die konkrete Verschließung. Das Eingesperrtsein im Haus, im Kloster, in der Hütte der Menstruierenden lähmt das gesamte Leben der Frauen und bewahrt vor den Gefahren der Verunreinigung. Das Sprechverbot und die Anweisung, nur dann zu sprechen, wenn der Mann das Wort an sie richtet, sorgen dafür, daß auch jene andere Öffnung, der Mund, verschlossen bleibt, der, würde die Frau sich seiner bedienen, die Gefahr der Verunreinigung verdoppelte. Aus demselben Grund dürfen die Frauen auch nicht gemeinsam mit den Männern essen, eine Vorschrift, die wir überall antreffen. Heute finden wir diese Absonderung der Männer noch vor, wenn sie starke alkoholische Getränke zu sich nehmen. Denn die Spirituosen stellen, wie der Name schon sagt, die Essenz, die Kraft dar. Wie Lévi-Strauss bemerkt hat, muß die Frau oben verschlossen werden, weil sie unten offen ist. Aber das System der Gegensätze gründet auf einer

primären Gegebenheit, der männlichen Potenz. Wir sto-
ßen also wieder auf das Bild, das der Mann sich von
seiner Männlichkeit in bezug auf die »Potenz« gemacht
hat.

Ein makelloser Körper

Mit der Gestalt der »Madonna« hat die katholische
Theologie nach und nach das aufgebaut, was die Männer zu allen Zeiten und in allen Ländern ersehnt und aus
den Frauen zu machen versucht haben. Die Jungfräulichkeit vor, während und nach der Geburt bürgt für die
Verschlossenheit in dem Augenblick, in dem die Kommunikation mit dem Überirdischen ihre dramatischste
Form annimmt: bei Erscheinen des Sohnes. Doch damit
nicht genug. Das Bedürfnis, daß dieser Körper von jeglicher sexuellen Verunreinigung frei sei, hat die Theologen bis zum Dogma der Unbefleckten Empfängnis geführt. Das Dogma selbst schien zunächst nichts mit der
»Verschließung« zu tun zu haben, aber die logischen
Konsequenzen, die es nach sich zieht, machen die inneren Gründe seiner Aufstellung begreiflich. Unbefleckte
Empfängnis bedeutet, daß man sich die Madonna ohne
Erbsünde vorgestellt hat. Die Diskussionen und erbit-
terten Polemiken, die die Herausbildung des Dogmas
jahrhundertelang begleitet haben, zeugen allerdings
nicht von einem Widerstand gegen das Dogma, sondern
von einer psychischen »Notwendigkeit«, die zum
Dogma hinführte. Obwohl es gefährlich ist, ein mensch-
liches Wesen mit Jesus gleichzusetzen, der als Gottes

Sohn allein ohne Erbsünde ist, obwohl es die katholische Kirche unheilbar mit den Protestanten entzweite, ist das Dogma am Ende doch verkündigt worden. Seine Verkündigung fiel zudem nicht zufällig in das Jahrhundert, das mit dem Ende der Romantik auch das Ende der Idealisierung der Frau erleben sollte.

Aber was zählt, sind die logischen Konsequenzen, die sich aus der Unbefleckten Empfängnis ergeben. Die Madonna verliert jegliche menschliche Konkretheit und wird zu dem, was die Männer ersehnen: zu einem vollkommen verschlossenen weiblichen Körper. Ohne Erbsünde gibt es keinen Fluch – jenen Fluch, der sich für die Frau in der Prophezeiung »mit Schmerzen wirst du gebären!« erfüllt. Doch wegen der physiologischen Beschaffenheit der Geschlechtsorgane gebärt die Frau mit Schmerzen. Die Verbindung zwischen der »Öffnung« und dem gesamten Fortpflanzungsmechanismus ist biologisch unauflöslich. Da die Madonna, frei von Erbsünde, keine Menstruation hat, wird sie schwanger, ohne daß das Hymen durchstoßen würde und gebärt ohne Geburtswehen und ohne Kindbett. Natürlich sollte sich daraus auch das Dogma der Himmelfahrt ableiten: Denn von der »Verwesung« (ein symptomatischer Begriff) des Körpers wird sie im Tode ebensowenig berührt wie bei der Geburt.

Nur schwer läßt sich das Wahngebilde nachvollziehen, in dem sich die Männer, die über den Körper der Madonna phantasierten, hoffnungslos verfangen haben. Die Lektüre der Bibliographie über das Marien-Schrifttum nimmt einem schier den Atem. Sie bringt einen in »Berührung« mit dem geschlossenen Zirkel von dem, was man als ein echtes Delirium bezeichnen könnte, wenn sich die Gesellschaft nicht durch die Erklärung abgesichert hätte, daß nicht »anormal« sein kann, was Allgemeingut und bewußt zur Theorie erhoben worden ist. Im übrigen würde es nicht zur Veränderung der Lage beitragen, wenn man die halluzinatorischen Aspekte darin feststellt.

Auch wenn es im Prozeß der Zivilisation immer nur wenige Menschen sind, die Theorien über die Wirklichkeit aufstellen, während die Mehrheit den vorgegebenen Idealen anhängt, ohne sich dessen im geringsten bewußt zu sein, so fungieren doch diejenigen, die die Norm verabsolutieren, als »Repräsentanten« der tiefliegenden Sehnsüchte aller und können diese Sehnsüchte eben deshalb zu den äußersten Konsequenzen treiben. Die »Madonna« ist der Inbegriff aller Sehnsüchte, Träume und Hoffnungen der Männer, die sie gegenüber dem Weiblichen haben. Oder besser gesagt, die sie gegenüber einem Körper haben, der den göttlichen Samen in sich aufnimmt, einen Sohn hervorbringt und der dennoch keine weiblichen Geschlechtsmerkmale aufweist.

Die Madonna, mit der sie sich identifizieren, ist das, was die Männer gern selbst sein möchten: Bräute Gottes, Gefäße und Zeuger der Potenz Gottes.

Die Kulturkonstruktion, die den Namen »Madonna« trägt, ist folglich »einzigartig«. Wenn sie Widerwillen erregt, so deshalb, weil nichts der Vernunft mehr widerstrebt als die Vergöttlichung des Körperlichen. Es gibt keinen Begriff, unter dem man dieses Kunstgebilde einordnen könnte. Viele Gelehrte haben versucht, es auf die Welt des Mythos zurückzuführen. Aber, wie leicht ersichtlich ist, entzieht sich gerade die Madonna dieser Definition. Sie tut dies sogar innerhalb des Teils des

Christentums, der durchaus mit mythischen Kategorien erfaßt werden kann. Mythologisches und *Zeitgenössisches* schließen einander aus. Der Mythos berichtet von vergangenen Ereignissen, die uns eben nur durch den Mythos selbst bekannt sind. Der Mythos erklärt das »Danach« jener früheren Ereignisse, d. h. die gegenwärtige Geschichte als Folge dessen, was am Anfang ein für allemal geschehen ist. Die Zeit des Mythos stimmt deshalb nie mit der Zeit überein, verläuft nie analog der Zeit, in der man gerade lebt.

Die Attribute der Maria, die gewissermaßen die »Substanz« dessen ausmachen, was wir »Madonna« nennen, sind hingegen mit unserer Geschichte herausgebildet und durch das juristische und öffentliche Verfahren der Dogmenverkündung dokumentiert worden: die Unbefleckte Empfängnis im Jahre 1854 und die Himmelfahrt 1950. Es liegt uns also das genaue Gegenteil einer Mythenbildung vor. Von der schlichten Gegebenheit der Existenz Marias, der Mutter Jesu, und von den spärlichen Hinweisen in den *Evangelien*, die, wenn sie die historische Wirklichkeit offenbaren, im Widerspruch zum Begriff der »Madonna« stehen, gelangt man zu einem gänzlich phantomhaften »heutigen« Bild der Madonna. Die Geschichte, in der wir leben, ist die des abendländischen Europa, die Geschichte des kritischen Zweifels, der Aufklärung, der Newtonschen Methode, der empirischen Wissenschaft. Aber es gibt da noch einen anderen überraschenden Aspekt. Wenn man für einige Dogmenverkündungen den zufälligen historischen Anlaß benennen kann, wie z. B. die Auseinandersetzung mit Luther über die Sakramente, den Zusammenbruch der weltlichen Macht durch die Unfehlbarkeit

des Papstes, so erscheinen statt dessen die Mariendogmen der letzten beiden Jahrhunderte nicht nur von keiner Notwendigkeit diktiert, sondern sie geben im Gegenteil Anlaß für das größte Zerwürfnis mit den reformier-
ten Kirchen und bringen das Christentum immer mehr
um seine historische Glaubwürdigkeit.

Nur wenn man sich der Marienbegeisterung ganz
überläßt, kann man erahnen, wie alle Grenzen der Vernunft in der Heftigkeit einer befreienden Raserei ge-
sprengt werden, die endlich im Besitz des eigenen »Dop-
pelgängers« ist, d. h. des Gegenstandes der Begierde,
mit dem man sich identifizieren kann – ein befreiender
Fanatismus, der Abscheu und Furcht erregt.

5. Kapitel
Die ideale Frau und die Madonna

Schon ein flüchtiger Blick auf das, was einige der bedeutendsten Männer der Kirche über die Madonna gesagt
und geschrieben haben, macht sofort deutlich, daß wir
ein Konstrukt vor uns haben. Man bedient sich zwar
scheinbar der in der Theologie gebräuchlichen Methoden, ihre Entstehung verdankt die Madonna aber in
Wirklichkeit zwei grundlegenden, einander entgegengesetzten und dennoch ineinander verwickelten Bedürfnissen: zum einen der Abneigung, dem Haß, dem
Widerwillen gegenüber der Frau, zum andern der fort-
schreitenden Identifikation mit dem Wahngebilde, die
zum ersehnten Ziel führt, ohne daß sich die Autoren dessen bewußt sind. Es ist wie ein Hochwasser führender
Fluß ohne Dämme und Deiche: Die Sehnsucht reißt die
Kontrolle der Vernunft und die schamhafte Zurückhaltung der Gefühle mit sich fort. Unmißverständlich entspricht die sinnliche Konkretheit der Sprache der Konkretheit der Leidenschaft. Gesetzte und an Askese
gewöhnte Männer, Theologen des Ausgleichs, im wohl
dosierten Gebrauch der dogmatischen Sprache geübt,
berühmte Vertreter der kirchlich feudalen Diplomatie –
sie alle werfen jegliche Besonnenheit über Bord, wenn es
um die Madonna geht.

Ein allerheiligstes Gefährt

Die Aufgabe der »Vermittlung des Überirdischen« drückt sich in allen möglichen Formulierungen aus: »Du bist der Wagen gewesen, der den König ins Leben eingeführt hat«, sagt Gregor von Nyssa, Bischof und Theologe des 4. Jahrhunderts. Efrem Siro stimmt ihm bei: »Du bist der Wagen gewesen, um einen Gott des Feuers zu tragen«, und er fügt hinzu: »Glücklich bist du, Maria, die du das Haus des Herrn geworden bist.« Die Madonna sollte zum Haus schlechthin werden, zum Tempel, zum Haus als Mantel, unter dem alle ihre Gläubigen Platz haben werden, bis hin zum legendenhaften Haus von Loreto, das die Einheit zwischen dem Haus, in dem die Madonna gelebt hat, und der Madonna als Haus für die Menschen symbolisiert.

Auch im *Akáthistos*, dem berühmtesten Hymnus der byzantinischen Kirche, der tiefe Emotionen zum Ausdruck bringt, stellt man sich die Madonna als Ort der Kommunikation vor: »Ave, Pforte zum hehren Geheimnis... ave, heiliges Gefährt... ave, Boot derer, die Erlösung begehren... ave, Hafen der Schiffer dieses Lebens... ave, Pforte zum Heil... ave, Brautbett der keuschen Hochzeit... ave, vollkommene Wohnstatt... ave, reine Braut... ave, über alle Begierde erhabene Liebe...« Kyrillos von Alexandria ruft aus: »Salve Maria, Mutter Gottes, heiliger Schatz des Universums, unauslöschliche Fackel, Krone der Jungfräulichkeit, unzerstörbarer Tempel, Schrein dessen, den die Welt nicht fassen kann, Mutter und Jungfrau!«

Mit voller Wucht beginnen die Gegensätze ihre Wirkung zu zeigen, rufen Begeisterung und Leidenschaft hervor und lassen in der scheinbaren Folgerichtigkeit der Analogie die Strenge der Logik hinter sich. Auf Gegensätzen baut eigentlich jede Literatur der schwärmerischen Madonnenverehrung auf. Dante wird sie zur Vollendung bringen, indem er sie auf das Wesentliche der Poesie reduziert: »Jungfräuliche Mutter, Tochter deines Sohnes, demütig und erhaben...!«

Überflügelt hatten ihn bereits die schwärmerischen Marienverehrer des 5. und 6. Jahrhunderts: »Jungfräuliche Mutter Gottes... du bist die Tochter deines Sohnes geworden.« Die Sprache scheut selbst glühendste Sätze nicht, nachdem einmal der Abscheu vor dem Uterus überwunden ist, von dem im *Te Deum* ausdrücklich gesagt wird: »*Non horruisti Virginis Uterum*«. »O Gott, der du dir im jungfräulichen Schoß (das ist die gebräuchliche Übersetzung des Begriffs, wonach der Uterus als Erzeuger und Beschützer definiert wird) auf wunderbarem Wege eine heilige Wohnstatt im Fleische errichtet hast... Die jungfräuliche Wohnstatt ist nunmehr in ihrer ganzen Schönheit bereit, auf daß, wenn die königliche Hochzeit gefeiert ist, aus ihr hervorgehe der Gemahl... die Jungfrau Maria, das unbefleckte Juwel der Jungfräulichkeit, das Paradies des zweiten Adam, das Sakrament der Vermählung des Wortes mit dem Fleisch; der belebte Dornbusch, den das Feuer einer göttlichen Geburt nicht aufzehrte, die einzige Brücke zwischen Gott und den Menschen, Magd, Wolke, Ehegemach und Bundeslade des Herrn. Wolke: Denn es wurde empfangen vom Heiligen Geist derjenige, der ohne entstellt zu sein zur Welt kam. Ehegemach: Denn in ihm lebt das Wort Gottes wie in einem Brautgemach. Bundeslade: Nicht weil sie das Gesetz beherbergt hat, sondern weil sie den Gesetzesgeber in ihrem Schoße getragen hat... die einzige, die ohne Sinnenlust schwanger geworden ist und ohne Schmerzen geboren hat.« Ambrosius, der berühmte Bischof von Mailand, überläßt sich ganz konkreten Vorstellungen, wenn er sagt: »Der Mutterleib der Jungfrau schwillt an, doch die Grotte der Scham bleibt unberührt... Aus dem keuschen und königlichen Schoß geht hervor wie aus seinem Ehegemach der erhabene Gott-Mensch.« Und der heilige Petrus Chrysologus, ein anderer berühmter Verehrer der Mutter Gottes: »Jungfrau, wenn alles unversehrt geblieben ist, was hast du gegeben? Wenn du Jungfrau bist, wie kannst du Mutter sein? Jungfrau, der, kraft dessen alles in dir gewachsen ist, mindert nichts in dir herab.«

»Du bist zu uns gekommen durch die Jungfrau und hast dabei die Pforte ihrer Jungfräulichkeit nicht verletzt, weder bist du in sie eingedrungen, noch aus ihr herausgegangen«, so singt man in den Lobliedern der alten Kirche von Tarragona. »Der König war hingerissen vom Glanz deiner Schönheit, und aus Verlangen nach dir machte er dich zu seiner Mutter.« Jungfrau, Jungfrau, Jungfrau... dieses Wort, das fortwährend erklingt, spiegelt, ohne daß jemand noch die ihm innewohnende körperliche Brutalität begreift, die echte Besessenheit der Männer wider. Denn schließlich ist die Madonna vor, während und nach der Entbindung eine verschlossene Frau, sie ist eine »uneinnehmbare Mauer«, ein »sicherer Fels«, ein »mächtiger Turm«, ein »Berg, der niemals abgetragen wurde«, ein »Land, das nie gepflügt wurde«, eine »verschlossene Tür«, ein »versiegelter Garten«.

Aus der so gewonnenen Sicherheit können sich die Männer in die liebende Anbetung stürzen und an ihr alle Eigenschaften des Nicht-Handelns, des Nicht-Lebens fest-
machen. Die ideale Frau ist immer tot, an ein ewiges
Jenseits gefesselt, weshalb sie als nicht-seiend bestimmt
werden kann. Wir haben es bereits in den zitierten Text-
stellen gesehen. Die Attribute der Madonna sind Gegenstände der Sehnsucht, die an sie wie an einen zu allem
tauglichen Kleiderständer gehängt werden. Die zahllosen Madonnenstatuen, überladen mit Kronen, Ketten,
Sternen, Kleidern und Umhängen *sind* die Madonna.
Die Formbarkeit ihres Abbilds, die serienmäßig unzählige Madonnen der Tränen, des Lächelns, des Sees, der
Quelle, des Sterns, des Rates, des Friedens, des Sieges
entstehen läßt, rührt von der Unveränderlichkeit her, in
die die Männer ihre Sehnsucht projiziert haben. Sie
kann alles sein, weil sie *nicht* ist und nicht wird. Oder
besser gesagt: Nachdem die Männer der Weiblichkeit
jegliche dialektische Wechselbeziehung mit der Wirklichkeit abgesprochen haben, schaffen sie sich ein
Frauenbild nach ihren eigenen Wünschen: ein unbe-
wegliches Objekt, bekleidet mit »Namen«.

Der Name ist das Wesen. Alle Dinge auf Erden sind
Abbilder von Ideen, die im Himmel existieren. Die Madonna ist der Rose nicht ähnlich, sie ist *die* Rose, und die
wirklichen Rosen sind nur ein schwacher Abglanz von
ihr. Maria ist »schlechthin schön«, d. h. sie ist »*die* Schönheit«. Um es noch einmal zu sagen: An einem Wahngebilde darf nichts Zufälliges, sondern nur Wesenhaftes
sein. Die Schönheit ist Reinheit, Unzerstörbarkeit. In-

folge davon *ist* sie, existiert sie durch *sich selbst*, sie wird nicht, sie ist unwandelbar. Maria ist *das* Meer, ist *der* Himmel, ist *der* Mond, ist *die* Sternenwelt, ist *die* Mutter, ist *die* Braut, ist *die* Königin, ist *die* Lilie, ist *das* Haus, ist *die* Jungfrau, ist *der* Tempel, ist *die* Stadt, ist *der* Turm, ist *die* Treppe, ist *die* Tür, ist *das* Fenster, ist *das* Buch, ist *die* Quelle, ist *der* Fels. Wir befinden uns hier an dem Punkt, an dem alle mit dem Gebilde »Madonna« verbundenen Probleme konvergieren.

Die Geschichte des Abendlandes ist dadurch gekennzeichnet, daß in der Kultur zwei Ebenen des Symbolischen hervortreten: die des Marienkultes und die der Kunst. Ist die Madonna eine einzigartige kulturelle Leistung, die vom Christentum geschaffen worden ist, aber sich insbesondere ab dem 12. Jahrhundert über das Bild der Mutter hinaus zur Idee, zum festen Begriff des ewigen Rates und zum Symbol aller Ideen entwickelt hat, so hat sich die Kunst des Abendlandes hiermit einer Schöpferfreiheit gegenübergesehen, die keiner anderen Kunst zugebilligt worden ist. Die Madonna hat den »negativen« Teil des künstlerischen Verhaltens des Mannes aufgesogen, d. h. den, der dem Künstler die Kraft gibt, das Absolute zu wollen, der ihm aber praktisch nie erlaubt, es »absolut« zu lassen. In der Madonna schließt sich nun der Kreis des Symbolisch-Konkreten, und durch die Historisierung des Ideals wird das Ideal Realität und damit auf brutale Weise in die Grenzen des Begehrens verwiesen. Es zeigt sich hier die überaus subtile Grenze zwischen Selbstverständlichkeit, Psychose und Kunst. Das in einer Kultur Selbstverständliche ist die Antwort auf eine Antwort. Es wird keine Erklärung gegeben, weil es keine Frage gibt. Das ist die Banalität der Nicht-Kunst. Die Psychose hingegen ist der Verlust der Wirklichkeit, der dann erfolgt, wenn man das Begehren mit dem Wirklichen zusammenfallen läßt. In der abendländischen Geschichte der Maria hat sich dieser Verlust auf der Ebene des Bewußtseins ereignet, und zwar in jener besonderen Form von Logik, die Theologie heißt. Hier wurde sie von den Theologen ausformuliert und als gültig anerkannt. Der Weg der Kunst hat also von einem bestimmten historischen Moment an sicher verlaufen können – sicher sowohl vor der Gefahr der individuellen Psychose, als auch sicher gegenüber den Bedürfnissen nach Symbolen seitens der Theologen.

Die Kulturgeschichte des Abendlandes stellt sich daher als eine ganz und gar einmalige Geschichte dar. Sie ist schrecklich im konkreten Leben, in dem sich der Kurzschluß von Theologie und Realität als Teufelsbesessenheit, als Abscheu gegenüber den Frauen, als der Scheiterhaufen, auf den man die Hexen schickt, manifestiert. Aber sie ist außerordentlich fruchtbar für die Kunstproduktion, weil der Künstler sich frei fühlt, ein unerreichbares Ideal zu verfolgen. Denn die Idee existiert außerhalb des Menschen, und er wird sie nie besitzen.

Das Modell der Dichotomie, das uns aus der Analyse aller Kulturen vertraut ist, ist somit auf die Geschichte des Abendlandes nicht mehr anwendbar. Zwischen die Ebenen des alltäglich Konkreten und des Symbolischen schaltet sich die symbolisch-konkrete Ebene ein – die des Marienkultes –, die die Kunst auf ein anderes Niveau »verlagert«, indem sie sie in eine Dimension grenzenloser Freiheit versetzt. Wie wir im Zusammenhang mit der Marienkunst sehen werden, ist dies der Grund dafür, daß die Madonnen mit der Lilie oder der Rose »schön« und auf symbolische Weise »voll« sind, und das Mädchen ist rührend, das die Treppe zum Tempel emporsteigt oder im Buch der Heiligen Schrift liest. Die Rose ebenso wie die Treppe sind Sinnbilder der Madonna und erhalten ihre Bedeutung aus ihr.

Aber der Künstler, der seine Inspiration aus dem Symbolisch-Konkreten erschöpft, befreit sich von den Begrenzungen des Konkreten in dem Augenblick, in dem er ein Kunstwerk schafft. Er bedient sich der Formbarkeit des Mariensymbols, um die Transzendenz dieses Symbols anzudeuten. Tatsächlich führt er so die Madonna auf die Frau zurück, auf jene ideale Frau, die es freilich nicht gibt. Sie aber verleiht dem Künstler, da sie nicht in dem psychotischen Zirkel der theologischen Geschichtlichkeit eingeschlossen ist, die spielerische Freiheit für reine Phantasieschöpfungen.

Rosa fresca aulentissima *

Der Weg, auf den wir hingewiesen haben, wird ab dem 12. Jahrhundert immer deutlicher. Es läuft nun ein Prozeß intensiver Wechselbeziehung zwischen sehr unterschiedlichen Kulturen ab. Die Kontakte mit der Welt des Orients leben durch die Handelsreisen, Kreuzzüge und Pilgerfahrten wieder auf. Die Kontakte zu den keltischen Völkern des Nordens und der Inseln werden von Mönchen, Missionaren und Predigern hergestellt,

* Frische duftende Rose

die über Studium, Askese und Gebete dauerhafte Beziehungen knüpfen. Die Nationalsprachen und die neuen von der höfischen Liebe inspirierten Literaturen bringen ein neues Bild der Frau zur Blüte.

Aber alle diese miteinander verbundenen Phänomene überragt eines und verschmilzt sie gewissermaßen: die Madonna. Diese Verknüpfung vollzieht sich vor allem aufgrund der Erneuerung des monastischen Lebens und der asketischen Strenge, die diese Reform mit sich bringt. Asketische Strenge bedeutet insbesondere eine Intensivierung der sexuellen Entsagung und daraus folgend: einen größeren Haß auf die Frauen. Die Kontrastierung von Eva und Maria, die schon den Kirchenvätern der ersten nachchristlichen Jahrhunderte geläufig war, wird zum charakteristischen Zug der Marienverehrung und zur Waffe gegen die Frauen. Indem sich die Kirchenväter an der Schöpfungsgeschichte der Bibel schadlos hielten, hatten sie Maria dargestellt als aus Erde geformte, makellose erste Eva, die Gott auf eine Weise gestaltet hat, daß durch ihre Mutterschaft die Macht der Schlange zerstört wird. Von daher ist die Erschaffung einer neuen Menschheit zu verstehen. Die Parallele zwischen Eva und Maria gewinnt jedoch um so größere Bedeutung, als alles Übel Eva, der ersten Frau, durch die der Tod in die Welt kam, aufgebürdet wird. Diese Bürde wird auf alle Frauen übertragen, mit Ausnahme derjenigen, die der Madonna an Keuschheit, Demut und Gehorsam gleichen. *»Per foeminam mors, per foeminam vita«*, hatte der heilige Augustinus ausgerufen. Dieser Schrei halt durch das gesamte Mittelalter mit dem Akzent auf *»per foeminam mors«* seitens der Mönche, die mit der Volkspredigt zu den Trägern der Erneuerung des religiösen und mo-

ralischen Lebens werden. Vor allem predigen sie sexuelle Enthaltsamkeit, das einzige Mittel, um der Versuchung durch den Teufel zu entgehen.

Die Formbarkeit der Madonnengestalt, die »Wesenhaftes«, »Namen« verkörpert, wird zur Formbarkeit des
Frauenbildes überhaupt. Die Stilisierung der Frau in
der höfischen Liebe ruht zum größten Teil auf der Schaf-
fung eines analogen, wenn auch irdischen »Ideals« von
Weiblichkeit. Die Frauengestalten des *dolce stil nuovo* sind
Typisierungen wie die Madonna. Und diese werden lebendig und bleiben über die Romantik hinaus bis zum
Ende des 19. Jahrhunderts wirksam. Es sind Frauengestalten, von denen zu wissen, ob sie wirklich gelebt und
welche konkreten Beziehungen die Männer zu ihnen gehabt haben, bedeutungslos ist. Beatrice, Laura, Ophe-
lia, Ottilie sind einander so ähnlich, daß man die Phan-
tasiegeschöpfe nicht von denen aus Fleisch und Blut
unterscheiden kann. So braucht man im übrigen auch
nicht zu wissen, welcher Art die Beziehungen zwischen
Mann und Frau in der höfischen Liebe gewesen sind.
Die lange Auseinandersetzung über die Art der Liebe
zwischen den Liebenden bei Hof konnte die Rolle der
Sexualität hierbei nicht gänzlich klären. Aber das Idealbild der Frau kann de facto gar nicht unabhängig vom
Mann bestehen, der dieses liebt und das nur für ihn ins
Leben gerufen worden ist. Unter diesem Gesichtspunkt
ist daher die Sexualität so sehr ersehnt, die Physis des
schönen und reinen Körpers der Frau ist ein so unver-
zichtbarer Garant für ihre überirdische Natur, daß das
Verhältnis bereits in seiner Idealisierung aufs äußerste
sexualisiert ist und die konkrete Beziehung dem nichts
mehr hinzuzufügen hat.

Es ist die Beziehung des Getreuen, des Sklaven, des Dieners der Madonna, der sich im Schwur zum »Sklaven der Liebe« Marias weiht. Seine Ergebenheit ist von einer Gefühlsdichte, die unermüdlich nach konkreten Ausdrucksformen sucht. Der von Odilo von Cluny eingeführte und dann liturgischer Brauch gewordene Kniefall beim *Te Deum* mag hierin seinen Antrieb gehabt haben: *»Non horruisti Virginis uterum.«* Dieser Art »Sklaventum« aus Liebe gegenüber der Madonna hatte ebenfalls mit Odilo ihren Anfang genommen und stieß auf großen Erfolg. Ein berühmter religiöser Orden wollte sich »Diener Marias« nennen, und in der Folge bezogen sich alle großen Marienverehrer auf das Sklaventum der Liebe, dem noch im Jahre 1712 einer der größten Marienverehrer, Louis Grignon de Monfort, anhing. Die Madonna wird mit den gleichen Worten angeredet wie die Edelfrau. Die Madonna *ist* die Edelfrau: Die »Treppe«, auf der man zu den Höhen des Paradieses emporsteigt, der »blühende Garten«, in dem man die Stunden der Liebe verbringt, die »rosa fresca aulentissima«, an die man Tag und Nacht denkt, der »schneeweiße Busen«, aus dem man die Lebensfreude trinkt. Während des gesamten Mittelalters dient das *Hohe Lied*, das die Kirche dem Erscheinen der Madonna geweiht hat, gleicherweise dazu, über die heilige Liebe wie über die profane Liebe zu sprechen. Aber die Unterscheidung zwischen diesen beiden Arten von Liebe ist eigentlich abwegig. Die Liebe ist ein und dieselbe, und in der Hingabe der Mystiker ist die Erotik mit derselben Intensität lebendig wie in der Literatur. Das Nebeneinander von heiligen und sogenannten weltlichen Themen in den *Carmina Burana* erschien den Interpreten als ein erstaunliches Phänomen. Doch in Wirklichkeit handelt es sich nicht um ein Nebeneinander. Die Ausdrücke der Liebe sind identisch, weil das ihnen zugrundeliegende Gefühl gleich ist.

Andererseits, worauf stützt sich die Unterscheidung zwischen heiliger und profaner Liebe? Sie basiert auf dem Gedanken, daß im Angesicht der Gottheit die Liebe notwendigerweise entsinnlicht sein muß, weil die Gottheit ohne sinnlichen Körper gedacht wird. In der bekannten These von Etienne Gilson wird der Einfluß der zisterziensischen Mystik auf die »höfische Kultur« in Abrede gestellt, weil in der heiligen Liebe die Sexualität erklärtermaßen ausgeschlossen ist, da der Mystiker sexueller Betätigung entsagt. Aber ein solcher Ansatz des Problems weist verschiedene Mißverständnisse auf. Die sexuelle Identität ist konstitutiv für die Person und ebenso für jede Art von Beziehung, die die Person eingeht. Der Verzicht auf das körperliche Ausleben der Sexualität bedeutet keineswegs den Verzicht auf die eigene Sexualität überhaupt, weil sich das *ich* nur als ein männliches oder weibliches, d. h. als durch ein bestimmtes Geschlecht gekennzeichnet, denken kann. Der andere, zu dem man sich in Beziehung setzt, ist seinerseits notwendigerweise ein Geschlechtswesen, da man sich ihn ohne sexuelle Identität als Person gar nicht denken kann. Andererseits ist eine Beziehung stets eine Beziehung zwischen »Personen«. Außerdem wird im Christentum ausdrücklich auf die sexuelle Identität der göttlichen Personen hingewiesen, insofern sie von der Theologie ganz bewußt in die Lehre mit einbezogen wird. Der Vater ist männlichen Geschlechts, andernfalls wäre er als Vater undenkbar. Der Sohn ist männlichen Geschlechts, weil er der Stellvertreter des Vaters ist und in dem Mann Jesus Gestalt angenommen hat. Der Heilige Geist (dem manchmal, aufgrund einer naiven Anstrengung guten Willens gegenüber dem »Weiblichen«, eine gewisse Weiblichkeit in Analogie zum weiblichen Geschlecht des aramäischen Begriffs für Engel zugeschrieben wird) ist ebenfalls männlich, weil er die Zeugungskraft Gottes, seine schöpferische Männlichkeit, verkörpert. Zudem liegt gerade hier der Grund, weshalb der Heilige Geist berufen ist, Maria beizuwohnen.

Sich an eine personifizierte und geschlechtlich bestimmte Gottheit zu wenden bedeutet, daß eine sexualisierte Beziehung entsteht, die sich, eben aufgrund der Individuation, als Liebesbeziehung gestalten kann. Wir haben das bereits im Judentum gesehen. Das Christentum hat nur die letzten Konsequenzen daraus gezogen. Man kann eine Religion als »Liebe« leben, eben weil sich die Gottheit mit den Zügen einer »Person« darstellt. Das Körperliche dieser Beziehung ist um so ausgeprägter, als im Zustand der Verliebtheit die geliebte Person stets eine Art Wahnvorstellung ist: Ihr Körper ist ein Gegenstand des Nachdenkens, ihre Eigenschaften müssen nicht nur nicht den wirklichen gleichen, sondern gleichen ihnen schon per definitionem nicht, eben weil sie ideal sind. Eine Verliebtheit ist deshalb immer »mystisch«, wenn man mit diesem Begriff die Fülle der gelebten Erfahrung, die er ausdrückt, verbindet. Selbst der Begriff der »Allegorie«, den man gewöhnlich zum Angelpunkt der Interpretation von festgelegten Bedeutungen im Bereich des Mystischen macht, ist in Wirklichkeit das Produkt jener Übertragung vom Konkreten auf das Symbolische, von der wir schon mehrfach gesprochen haben. Aber es handelt sich um eine Übertragung, die die konkreten Bedeutungen stärkt und ohne diese nicht bestehen könnte. Das *Hohe Lied*, das nach Auffassung der mittelalterlichen Exegeten nur als Allegorie gelesen werden soll, wird deshalb zu einem wertvollen Instrument für den Diskurs über die Liebe, weil die Bilder aus einem genau festgelegten Bezugssystem befreit werden und sich an eine ideale Person wenden.

In seinem Kommentar zum *Hohen Lied* hatte Origines begonnen, eine Theorie der allegorischen Interpretation der Heiligen Schrift zu entwickeln. Die Botschaft des *Hohen Liedes* ist nach Origines eine zweifache: die Liebe zwischen Christus und der Kirche und die gegenseitige Sehnsucht von *logos* und menschlicher Seele. Es ist bezeichnend, daß gerade Origines diese Art der Interpretation vorgeschlagen hat. Ein Mann, der so viel Sinn für das Konkrete gehabt hat, daß er sich entmannte, um sich nicht durch einen Geschlechtsakt zu beflecken, sieht mit derselben Klarheit, daß die Liebe zwischen Gott und dem Menschen eine sinnliche Liebe ist. Mit anderen Worten: Indem Origines eine allegorische Bibelauslegung vorschlägt, bestätigt er die sexuelle Dimension des Verhältnisses zwischen Mensch und Gott.

Das 12. Jahrhundert sieht in der Madonna die »Braut« des *Hohen Liedes*, und das *Hohe Lied* wird zu einem Hymnus des Marienlobs, so daß man es ebenso im Gebet wie auch in der Predigt einsetzt. Der heilige Bernhard, wie nach ihm eine unzählige Schar von Predigern, verfaßt Marien-Predigten, in denen er das *Hohe Lied* kommentiert. Gleicherweise feiern die höfischen Dichter ihrerseits mit den Versen des *Hohen Liedes* ihre Dame und die Jungfrau.

Wie der Mediävist Peter Dronke festgestellt hat, mußte im 14. Jahrhundert der Transkribent eines Liebesliedes, das nach dem *Hohen Lied* aufgebaut war, nur eine Vorsilbe hinzufügen, um die weltliche Liebe in eine geistliche zu verwandeln: von *»corpore nunc sum«* zu *»corpore nunc absum«*. Die Kommentare zum *Hohen Lied*, die zu Lobgesängen der Maria geworden sind, beleuchten jedes kleinste Detail ihres Körpers wegen ihrer körperlichen Vollkommenheit, die ihr die Theologie zugeschrieben hat. Man gelangt so leicht von den Marianischen Kommentaren des *Hohen Liedes* zu den Liebeskanzonen, in welchen der eigenen Geliebten wegen ihrer körperlichen Schönheit die gleichen Lobeshymnen gesungen werden, die man der Maria darbringt. Origines hatte behauptet, daß man sich der erotischen Sprache bedienen müsse, wenn man die eigene Liebesbotschaft an die Gottheit richtet, weil das die Verständigung erleichtere. Aber, wie wir bereits gesehen haben, vollzieht sich die Verständigung gerade deshalb um so leichter, als ein Liebesverhältnis sich immer auf eine konkrete und geschlechtliche Person gründet.

Bernhard und die Raserei aus Liebe

In den ersten nachchristlichen Jahrhunderten sprechen die Hymnen und Gebete schon eine sehr deutliche Sprache. Wenn diese immer unmißverständlicher wird, so deshalb, weil die theologischen Dispute über den Körper der Maria die Bemühungen um die Frage der unbefleckten Empfängnis intensivieren. Wie die Gestalt der idealen Frau unter dem Einfluß der Mariologie ausgeprägtere Konturen annimmt, so wird die Verdammung der Frau als Verführerin und Buhle des Teufels immer ungestümer. Eva und die Schlange, die Frau und der Teufel erscheinen als identisch. Auf dem Kapitell Nr. 11 der Abtei von Vézelay zeigt der Teufel dem heiligen Bernhard die Frau, um ihn in Versuchung zu führen. Die Schrift über dem Kopf der Frau ist die gleiche wie die über dem Kopf des Teufels: *diabolus*. Wir befinden uns im 12. Jahrhundert. Die großen Marienverehrer ergehen sich in Lobpreisungen der Madonna und warnen vor den Frauen. In ihren Biographien wären sicher genug Hinweise zu finden, die diesen Haß und diese Liebe begründen könnten. Aber auch wenn man sich nicht um das individualpsychologische Detail kümmert, läßt die Kultur dieser Zeit den Zusammenhang dieser beiden Gefühlsäußerungen klar erkennen. Wir nehmen als Beispiel Bernhard von Clairvaux, weil der heilige Bernhard als der »Anwalt« des Marienkultes schlechthin gilt und wir somit bei der Analyse einiger seiner Schriften im wesentlichen die gleichen Vorstellungen, Ideen und Gefühle entdecken können, die dann auch andere Marienverehrer zum Ausdruck gebracht haben. Darüber hinaus ist Bernhard einer der Hauptvertreter jener zisterziensischen Kultur, die die mittelalterliche »Frömmigkeit« und insbesondere die *courtoisie* stark beeinflußt hat.

Ohne Vorbehalt glaubt Bernhard, daß Maria zeitlebens frei von Schuld gewesen sei. »Wer könnte den Wert der Edelsteine in ihrer Krone ermessen? Wer die Schönheit jener Steine in Bilder fassen, aus denen das königliche Diadem Marias besteht? Die Vollkommenheit dieser Krone zu beschreiben, übersteigt sogar die Fähigkeit des Menschen... O Frau, die in der Verehrung, die wir ihr schulden, nicht ihresgleichen hat! O vor allen anderen bewundernswerte Frau!« Stets ist die Mutterschaft, die physische Konkretheit der göttlichen Mutterschaft, der Grund für die Größe Marias: »Es war recht und billig, daß aufgrund des Vorrechts einer einzigartigen Heiligkeit die Königin der Jungfrauen ein Leben ohne jegliche Sünde führte, auf daß Sie für alle Menschen die Gabe des Lebens und der Gerechtigkeit erlangte, indem sie den Zerstörer der Sünde und des Todes zur Welt brachte.« Man sieht deutlich, wie auch hier das Prinzip der Vererbung durch Fortpflanzung eine Rolle spielt, obwohl es ummäntelt und durch eine Analogie abgeschwächt wird. Derselbe Argumentationstypus findet sich häufig dort, wo gesagt wird, daß die Milch der Madonna rein sein mußte, damit sich der Erlöser davon ernähren konnte. Im Mittelalter bestand die allgemein verbreitete Überzeugung, daß man den Charakter, gut oder schlecht, sanft oder wild, über die Milch erbe. Daher legten die vornehmen Familien bei der Auswahl der Ammen neben dem Kriterium der Gesundheit besonders das des »psychologischen Erbes« zugrunde. Bernhard selbst wird als Dank für seine Verehrung Milchtropfen aus dem Busen der Madonna empfangen. Doch in diesem Fall dient ganz offensichtlich die Milch der Madonna dazu – sieht man einmal von den erotischen Implikationen dieser Vision ab –, Bernhard ihr ähnlich zu machen.

Bernhards Aufmerksamkeit konzentriert sich stets auf den Körper der Madonna, und während er von ihr spricht, scheint er allmählich den Kontakt zur Wirklichkeit zu verlieren: »Also hat Christus begonnen, dort das

Heilmittel anzuwenden, wo sich die Wunde geöffnet hat (d. h. die Fortpflanzung durch den Koitus), indem er geistig in den Schoß der Jungfrau hinabstieg. Er wurde dort empfangen vom Heiligen Geist, um unsere Empfängnis zu reinigen, die der böse Geist, ohne natürlich ihr Urheber zu sein, dennoch infiziert hat. Damit sein Leben im Mutterschoß nicht untätig bleibe, hat er neun Monate lang die alte Wunde gereinigt, indem er, wie man sagt, bis auf den Grund die giftige Fäulnis erforscht hat, um ihr endgültige Heilung widerfahren zu lassen. Indem er das tat, vollbrachte er bereits dort unsere Erlösung im Mittelpunkt der Erde, nämlich im Schoß der Jungfrau Maria, die mit bewundernswert treffenden Worten Mittelpunkt der Erde genannt wird.« Für Bernhard ist Maria freilich nicht nur der Mittelpunkt der Erde. Sie ist der »brennende Busch«, von dem Moses gesagt hat, er brenne ohne zu verbrennen. Diese Prophezeiung hatte sich erfüllt, denn Maria hat ohne Öffnung des Körpers und ohne Wehen entbunden. Sie ist der »Stab Aarons«, der blühte, ohne begossen worden zu sein; denn Maria ist schwanger geworden, ohne den männlichen Samen empfangen zu haben. Sie ist das »Tor des Ostens«, durch das der Herr aus und ein geht, ohne es zu öffnen. Sie ist der »Aquädukt«, über den die himmlische Ader der Gnade herabfließt.

Den äußersten Grad des Deliriums aber erreicht Bernhard im nachfolgenden Kommentar zu einer Stelle aus Jeremias: »Denn etwas Neues erschafft der Herr im Land: Die Frau wird den Mann umgeben.« (Jer 31,22) Zahllose Hypothesen sind bezüglich der Übersetzung und der Bedeutung dieser Zeilen aufgestellt worden, da man den unmittelbar sexuellen Sinn nicht zulassen wollte, der schon aus den unzweideutigen Begriffen »Mann« und »Frau« ersichtlich ist, die im Original verwendet werden. Im Alten Testament bezeichnen die Verben »umgürten, umgeben« den Koitus als Akt. Sie bezeichnen das »Bedecken« der Geschlechtsorgane und anderer Körperteile, wie Lenden, Schenkel und Bauch, da die Vorhaut, wie wir bereits dargelegt haben, von primärer Bedeutung ist. Das Neue besteht gemäß Jeremias darin, daß die Frau den Koitus herbeiführt, natürlich mit allen Implikationen des »Numinosen« und des »Schrecklichen«, die der Geschlechtsakt mit sich bringt. Aber Bernhards Deutung ist dennoch abwegig, und die Tatsache, daß so viele Kommentatoren diesem Weg gefolgt sind, beweist nachdrücklich die Unmöglichkeit, den Sinn für die Wirklichkeit zu bewahren, wenn man sich einmal auf die für die Betrachtung der Maria typische Verkehrung der Logik eingelassen hat. So sagt doch Bernhard tatsächlich: »Wer ist diese Frau? Und dieser Mann? Wenn er wirklich ein solcher ist, wie kann er dann von einer Frau umgeben werden? Wenn er von der Frau umgeben wird, wie kann er dann ein Mann sein? Und doch müssen die Worte des Propheten in diesem Sinne verstanden werden. Wir alle kennen Männer, die über Kindheit, Jugend, Pubertät und Jünglingsalter allmählich die Jahre erreicht haben, die dem Greisenalter vorangehen: Wie soll so ein Erwachsener dann von einer Frau umgeben werden können? Nehmen wir an, er hätte gesagt: ›die Frau wird das Kind umgeben‹, oder auch ›die Frau wird den Knaben umgeben‹, dann wäre es weder neu noch seltsam. Aber hier ist es ganz anders, denn er sagt eben ›Mann‹, und wir müssen uns fragen, was das für ein neues göttliches Wunder ist, daß die Frau den Mann umgebe, daß der Mann sich also in den engen Schoß der Frau einschließe: ein unerhörtes Wunder. Aber sehen wir doch: Wenn ich jene Empfängnis und jene jungfräuliche Entbindung betrachte, so finde ich sehr viel Neues und Wunderbares, daß ich wohl hoffen kann, auch das durch den Propheten Angekündigte wiederzufinden. Ich finde da eine Länge, die kurz ist, eine enge Fülle, eine niedrige Höhe, eine flache Tiefe; da ist ein Licht, das kein Licht spendet, ein Wort, das kein Wort hat, ein Wasser, das durstig ist, ein Brot, das hungrig ist. Bedenke das wohl, und du wirst die Macht wahrnehmen, die unterworfen ist, die Weisheit, die geschulmeistert wird, die Stärke, die geschützt wird, kurz: einen Gott, der die Muttermilch saugt und sein engelhaftes Wesen beibehält, einen Gott, der wimmert und die Beladenen tröstet.« Und weiter: »Wir haben hier die Freude, die weint, das Vertrauen, das zittert, die Gesundheit, die krank ist, die Stärke, die schwach ist; ja sogar etwas nicht weniger Wunderbares: die Traurigkeit, die Freude ist, die Furcht, die belebt, der Tod, der Leben gibt, die Schwäche, die Stärke gibt. Und unter so vielen wunderbaren Dingen solltest du nunmehr nicht auch das finden, was du suchtest? ›Die Frau wird den Mann umgeben‹, hat der Prophet gesagt, doch siehst du diese Worte nicht in Maria verwirklicht, die in ihrem Schoß Jesus, den Mann, trug, um Zeugnis für Gott abzulegen? Und in Wirklichkeit war Jesus nicht erst Mann, als alle ihn ›den weissagenden Mann, mächtig in Worten und Werken‹ nannten, sondern schon seitdem die göttliche Mutter jene kindlichen Glieder an die zarte Brust drückte oder sie in ihrem keuschen Schoß trug. Jesus war schon Mann, ehe er das Licht der Welt erblickte:

Mann aufgrund der Weisheit, nicht aufgrund des Alters, aufgrund der Männlichkeit des Geistes, nicht des Körpers, aufgrund der Vollkommenheit der Sinne, nicht aufgrund der Entfaltung der Glieder. Für ihn gab es keine Entwicklung, wie Geburt, Kindheit und reifes Mannesalter. Ich will sagen: Ob er im Mutterschoß verborgen ist oder in der Krippe wimmert oder ob er sich als Jüngling im Tempel aufhält, um die Schriftgelehrten zu fragen, oder ob er bereits im reifen Alter das Volk lehrte, zweifellos ist er immer und gleicherweise erfüllt gewesen vom Heiligen Geist, und daraus schließen wir: Christus hatte immer den Geist eines Mannes, wenn auch nicht immer dessen Körper. Im übrigen, warum sollte ich zweifeln, daß er Mann vom Mutterschoß an war, wenn ich doch nicht zweifle, daß er schon Gott war?«

Ich habe diesen Abschnitt aus der zweiten Rede *Super Missus est* ausführlich zitiert, weil kein Kommentar die Bestürzung wiedergeben könnte, die die Lektüre dieses Zitats auslöst. Vor Bernhard hatte der heilige Hieronymus eine ähnliche Deutung vorgeschlagen, doch sind die bedeutendsten Vertreter der Kirche Bernhards Spuren gefolgt, angefangen mit dem heiligen Thomas und dem heiligen Bonaventura bis zu den zeitgenössischen Theologen: Lauter Männer, die in der Gesellschaft etwas bewirkten und deren »realistischste« Prinzipien anerkannten – so z. B. Bernhard, der zu einem der gewalttätigsten Kreuzzüge aufrief und ihn selbst anführte, der gegen jeden, der sich der Autorität des Papstes zu widersetzen versuchte, äußerste Härte anwenden ließ, der einen Intellektuellen wie Abaelard, der beschuldigt wurde, die Bibel zu frei interpretiert zu haben, zur Verbrennung seiner sämtlichen Schriften verurteilte. Kann man denn von dieser drastischen Verurteilung und der darin verborgenen Bedeutung absehen? Bernhard ist, wie fast alle großen Marienverehrer, von der Kirche »heilig« gesprochen worden. Zu behaupten, daß die Marienverehrung sein unmittelbares Verhalten beeinflußt habe, ist für die Kirche ein zweischneidiges Schwert. Entweder man erkennt an, daß die gegenüber der Heiligkeit der Maria propagierten Tugenden, wie Demut, Gehorsam, Mitleid und Reinheit, von ihren Verehrern nicht befolgt worden sind, oder aber (und das ist leichter zu beweisen) man gesteht ein, daß diese Tugenden im Sinne einer Entmenschlichung gewirkt haben, die jener Entmenschlichung der Madonna gleicht, die aber offensichtlich im wirklichen Leben betrieben und gelebt und eben nicht nur auf ein Wahngebilde übertragen worden ist. Die Abaelard auferlegte Strafe ist, auch wenn sie nach dem damals geltenden Recht verfügt werden mußte, doch ein Zeichen für den Zerstörungswillen gegen einen Mann, dem Bernhard nicht verzeihen konnte, von seiner Sexualität Gebrauch gemacht zu haben, obwohl Abaelard wegen dieses Delikts bereits entmannt worden war. Sexualität bei einem Mönch und vor allem Liebe zu einer Frau bleibt die Subversion schlechthin, die ein Marienverehrer nicht verzeihen kann.

6. Kapitel
Die Helden der Erscheinungen

Im Zusammenhang mit dem Marienkult fällt auch demjenigen, der über dieses Phänomen weniger gut unterrichtet ist, als erstes der Wallfahrtsort Lourdes ein. Tatsächlich scheinen Marienverehrung und Pilgerreise ein und dasselbe zu sein: Es bedeutet das Aufsuchen eines »wirkungsmächtigen« Ortes, weil dort das Heilige durch die Erscheinung Marias gegenwärtig geworden ist. Die Typologie der Pilgerfahrt hat sich seit den Anfängen des Christentums unverändert erhalten. Was die Madonna betrifft, so scheint jedoch in den beiden letzten Jahrhunderten ein besonderer Faktor konstant und unbedingt notwendig geworden zu sein: die Erscheinung.

Die privaten Erscheinungen

Bis zum 19. Jahrhundert hat sich die Madonna auf zwei verschiedene Arten bemerkbar gemacht. Persönliche Erscheinungen sind den professionellen Mystikern, wie Ordensgründern, Mönchen und Priestern, vorbehalten, denen Maria ihr Wohlgefallen an der Verehrung, die ihr die Auserwählten erwiesen haben, zeigt. Es gibt praktisch keinen großen Heiligen, von dem nicht irgendein Erlebnis einer Marienerscheinung berichtet würde. Wir haben bereits davon gesprochen, wie Maria dem heiligen Bernhard die Brust dargeboten hat, um ihn zu stillen. Dem heiligen Dominikus, einem glühenden Förderer des Rosenkranzes und der Kreuzzüge, erscheint die Madonna, um ihn in seinem Wirken als gestrenger Inquisitor gegen die Ketzer zu unterstützen. Dem heiligen Philippus Neri legt die Jungfrau das Kind in die Arme, damit auch er es liebevoll wiege. Papst Pius V. gibt sie die Vision, daß er bei der Schlacht von Lepanto siegen werde. Eine Erscheinung wird sogar Jakob Sprenger zuteil, der sich mit seinem Handbuch gegen die Hexen, dem *Malleus Maleficarum*, als berühmtester »Marien-Schwärmer« erwiesen hat. Doch man muß die Aufzählung nicht weiter fortsetzen. Wie wir bereits wissen, waren es gerade die Marienverehrer, die in der Kirchengeschichte mit äußerster Gewalt und Härte vorgegangen sind.

Bei all diesen Fällen handelt es sich jedoch um »private« Visionen. Die Madonna scheint denjenigen, der sie verehrt und der bereits in gesellschaftliches Handeln eingebunden ist, in seinem eingeschlagenen Weg zu bestärken und ihm Schutz zu gewähren. Ab 1800 hingegen treten neben diese »privaten« Erscheinungen solche mit »öffentlichen« Zielen: Die Menschen, denen die Madonna erscheint, sind dazu ausersehen, der Gesellschaft bestimmte Botschaften zu übermitteln. Überdies tat sich in den vorangegangenen Jahrhunderten die Madonna nur selten den Menschen in Visionen kund, die keine kirchlichen oder gesellschaftlichen Positionen einnahmen. Zahllos sind die Fälle, wo eine Kirche, eine

Kapelle, ein Betsaal oder einfach eine Gebetsnische errichtet wurde, weil jemand wundersamerweise ein Bild der Maria an eben diesem Ort gefunden hatte. Italien, um nur ein Beispiel zu nennen, ist übersät mit solchen Orten des Wunders. Die »einfachen« Leute, Bauern, Hirten, alle möglichen Menschen aus dem Volke wagen sich gar nicht vorzustellen, daß sich die Madonna direkt und persönlich an sie wenden könnte. Sie finden zufällig bei der Feldarbeit oder während sie die Herde auf die Weide führen, in der Abenddämmerung oder mitten in einem heftigen Gewitter ein Bild der Jungfrau auf dem Weg, und keiner weiß, wie es dort hingekommen ist. Voller Ehrfurcht und ängstlicher Eile meint der Finder, es sogleich in Sicherheit bringen zu müssen. So entstehen die ersten Marterln und abgelegenen Kapellchen; später dann, wenn die örtlichen Behörden die Sache in die Hand nehmen, vergrößert sich die Kapelle, und es entstehen die Wallfahrtsorte. Auf diese Weise wird der grundlegende Ablauf bei der Herausbildung eines heiligen Raumes unbedingt eingehalten. Das Vorhandensein eines wirkungsmächtigen Gegenstandes (eine Reliquie, der Körper eines Märtyrers oder Heiligen, ein wunderbares Bild oder eine Statue) zieht eine große Zahl von Menschen an einen fernen, abgelegenen Ort, der deshalb so überaus heilig ist, weil dort irgendwie die Gottheit nicht nur wohnt, sondern sich auch demjenigen wieder zeigen wird, der den langen Weg zu ihr zurückgelegt haben wird. Der Pilger mobilisiert deshalb seine ganze Kraft, um die Kraft des »Heiligen« herauszufordern, und der Heilige wird sich auf deutliche und ungewöhnliche Weise offenbaren: Er wird sich vom Pilger »anfassen« lassen und gleichsam im Wunder »zerbersten«.

Vor dem 19. Jahrhundert sind die »Armen und Niedrigen« der Kirche im allgemeinen so überzeugt davon gewesen, kein Recht auf ein persönliches Erscheinen der Madonna zu haben, so daß sie zufrieden waren, wenn sie ihr indirekt auf dem eigenen Weg »begegneten«, d.h. statt der Maria selbst, nur ihrem Bild. Es ist jedoch ein Bild, von dem man nicht weiß, woher es kommt, ... aber mit der unterschwelligen Gewißheit annimmt, daß dieses Geheimnis bedeute, es komme aus dem Jenseits. Manche meinen sogar, daß die Engel es brachten, die es aus schrecklichen Meeresstürmen gerettet oder mit ihren Flügeln auf dem Gipfel eines Berges abgesetzt haben. Die Menschen sind überzeugt davon, daß diese Engel, die dort die Jungfrau verehren, das Bild bewachen und in alle Ewigkeit schützen. Natürlich haben sie Recht. Keine Madonna wird so umsorgt und geliebt wie diese Bilder, die zufällig gefunden und der Barmherzigkeit und Hoffnung der Armen anvertraut werden. Je häßlicher, elender, je primitiver sie gemalt ist, desto mehr ähnelt sie der Madonna, die sich das Volk vorstellt und zu der seinen gemacht hat, weil sie offensichtlich noch ärmer, bedürftiger, einsamer als das Volk selbst ist. So kann es sie verschönern, mit Gold und Silber bestickten Seidengewändern ausstatten, ihr Ketten, Halsbänder und Ringe bringen, ihr edelsteinbesetzte Kronen aufsetzen und zu ihr sagen: »Ich bin es, die dich zur Königin gemacht hat. Dein Kindlein ist nackt, und ich habe es bekleidet; dein Altar ist ärmlich, und ich habe ihn in Lichtern und Blumen erstrahlen lassen.« Es ist ein Wettstreit, bei dem man nicht mehr weiß, wer da die Wunder vollbringt: sie, die Königin des Himmels und der Erde, oder aber jene, denen der letzte Platz in der Gesellschaft zugewiesen wurde und die auf diese Weise unbewußt ihre Fähigkeit, reich zu sein, mehr zu geben, als sie empfangen, zur Geltung bringen. Wahrhaftig ist nichts so herzzerreißend wie diese Parodie einer Königin aus Leinwand oder Gips, geschmückt mit Perlen und Rubinen von den Händen der Armen, die niemals Perlen und Rubine besitzen werden.

Es ist unmöglich, die Namen dieser Madonna aufzuzählen, weil es keine zahlreicheren Heiligtümer auf der Welt gibt als die, die der Maria gewidmet sind. Sagt nicht die Kirche, daß sie die Unbefleckte, daß sie die im Himmel Aufgenommene, daß sie die Mutter Gottes ist? Das Volk spricht dies nach, überzeugt, es handle sich um die Wahrheit selbst, weil letztlich das, was zählt, nicht aus den Bestimmungen der Theologen erwächst, sondern aus der Sicherheit dessen, woran man glaubt: Es muß einfach eine Frau geben, die weiß ist wie der Schnee, schön wie der Mond, sanft wie das Sternenlicht...

Aber auf einmal verwandelt sich diese Madonna. Sie beginnt Frauen und Kindern zu erscheinen, die arm und in der Gesellschaft rechtlos sind und doch unerbittlich zu ernster Verantwortung für die Allgemeinheit herangezogen und mit strengen Verwarnungen aufgerufen werden. Wir befinden uns im Jahre 1800. Durch die Revolution ist das Ansehen der Kirche ausgerechnet in dem freundlichen Frankreich, das die Maria zu seiner Königin erkoren hatte, schwer angeschlagen worden, und die Kirche muß sich deshalb unter Aufbietung aller Kräfte ihre Autorität und ihren moralischen Führungsanspruch zurückerobern. Die »Armen« sind nicht mehr so überzeugt, die Auserwählten zu sein, bloß weil sie arm sind, und schlagen die Einladung zu Demut und Gehorsam aus. An die vorderste Front treten nun diejenigen, die noch immer die »Armen« darstellen – und sich auch als solche verstehen –, diejenigen, die nicht zählen, die elendste Schicht der Gesellschaft: die Frauen und die Kinder. Wie in den Kinderkreuzzügen des Mittelalters, über die sich die Geschichtsschreibung in ein vorsichtiges Schweigen hüllt, die aber auch zu den im Namen der Madonna – Mutter der Kreuzritter und Beistand der Christen – unternommenen Taten gehören, so wird es nun die Unbefleckte sein, die ihre Gläubigen, die »Kleinsten« unter ihnen, in die Schlacht der Restauration schickt. Bald wird die Stunde von Lourdes schlagen.

Die Botschaft der Bernadette

In Frankreich gab es bereits einen Fall, wo Hirtenkinder die Erscheinung einer Dame hatten, die von Licht umgeben war und von Buße sprach. Und der Ort La Salette, wo die Erscheinung auftrat, war berühmt geworden, als Pius IX. 1854 das Dogma der Unbefleckten Empfängnis verkündete und damit den Disputen ein Ende setzte, die sich jahrhundertelang mit dem entscheidenden Problem befaßten: mit der absoluten Transzendenz der Mutter Gottes. Aufgrund der päpstlichen Unfehlbarkeit, wonach von einer einmal getroffenen Entscheidung nicht mehr abgerückt werden kann, verschwand mit der Proklamation der Unbefleckten Maria eine Frau für immer aus der Geschichte: Maria von Nazareth.

Es sind kaum vier Jahre vergangen, als am 11.2.1858 Bernadette Soubirous zum ersten Mal die Dame im weißen Gewand erblickt, die ihr dann offenbaren wird, daß sie die Unbefleckte Empfängnis ist. Es ist der Anfang eines außerordentlichen Ereignisses, das bis dahin nur Männer – Reiche oder Edelleute, Ritter, Soldaten oder Mönche – erleben durften. Natürlich hat es in der Geschichte auch viele Frauen gegeben, die Visionen hatten. Aber es handelt sich dabei um Mystikerinnen von hohem Stand, die in den Klöstern offiziell Gott angetraut worden sind, um vornehme Jungfrauen, die sich durch Chorgebet und Lektüre ganz in die *Nachfolge Christi* begeben haben, die den Gemahl sehen, mit ihm reden, Zärtlichkeiten und Ringe von ihm empfangen. Einige Namen mögen hier genügen: die heilige Katharina von Siena, die heilige Theresa von Avila, die heilige Margareta Maria Alacoque, um nur die berühmtesten zu nennen. Nun geschieht das Gegenteil: Die ausdrückliche Aufgabe, mit der überirdischen Welt in Verbindung zu treten, übernimmt eine junge Analphabetin, die Tochter eines Müllers, geboren und aufgewachsen in einem winzig kleinen Pyrenäendorf, weit ab von allen Stätten des Wissens und der Macht.

Während des Februars ist es kalt in Lourdes. Bernadette geht gemeinsam mit zwei anderen Mädchen Holz für den Herd sammeln. Von Geburt an leidet sie an Asthma. Umsichtig wie sie ist, bleibt sie stehen und will sich die Schuhe ausziehen, bevor sie den Kanal von Massabielle durchquert. Ein heftiger Windstoß und die sich wild bewegenden Bäume lassen sie aufblicken. Sie sieht eine sehr junge Frau, ungefähr so groß wie sie, mit einem weißen Schleier, einem türkischen Gürtel und einer Rose auf jedem Fuß. Bernadette weiß nicht, was sie tun soll. Doch die Dame nimmt den Rosenkranz in die Hände und scheint sie, indem sie das Zeichen des Kreuzes macht, aufzufordern, den Rosenkranz zu beten. Auch Bernadette besitzt einen Rosenkranz: Sie trägt ihn stets in der Tasche, nach einer den Frauen seit langem liebgewordenen Gewohnheit. Das Rosenkränzlein ist ein zierliches Gebilde, beinahe ein kleines Geschmeide, und dient weniger dazu, das Ave Maria zu beten, denn als Begleiter und Beistand in der Welt. Bernadette nimmt es und betet den Rosenkranz im Beisein der schönen Dame. Als diese dann plötzlich verschwindet, zieht sich Bernadette vollends die Strümpfe aus und kehrt mit ihren Freundinnen nach Hause zurück. Es erfolgt eine Begegnung nach der anderen, bis der Ortskommissar sich zum Eingreifen entschließt. Nichts kann jedoch Bernadette von ihren Behauptungen abbringen. Was sie gesehen hat, hat sie gesehen. Die Dame weist sie an, Wasser zu suchen, und sie findet Wasser. Die Dame teilt ihr den Wunsch mit, daß eine Kapelle für sie errichtet werde, und Bernadette geht, um dies dem Pfarrer zu erzählen. Schließlich, nachdem sie mehrmals gefragt worden ist, offenbart sich die Dame: »Ich bin die Unbefleckte Empfängnis.« Dies sind die letzten Worte der Erscheinung. Bernadette sollte sie nie wieder sehen.

Wie die Geschichte weiterging, haben wir noch alle vor Augen. Das Heiligtum von Lourdes mit seiner Grotte, mit seinen Wasserbecken ist zum meist besuchten Heiligen Ort der Welt geworden. Der Ruhm von den Wundern, die sich hier ereigneten, scheint auch ein Jahrhundert danach nicht abzunehmen. Bernadette aber sind keine großen Werke beschieden gewesen. Ihre Aufgabe – wie auch die der Kinder von Fatima – ist es, Zeugnis abzulegen, gerade weil sie unwissend ist, weil sie nicht zählt, nichts vermag. Ihre Unschuld, ihre Unwissenheit und ihre Armut werden zu viel stärkeren Beweisen für eine Welt, die nicht mehr bereit ist, an die göttliche Inspiration der Päpste, der Mönche, der Mächtigen in der Kirche zu glauben. Auf Ersuchen des Bischofs tritt Bernadette in den Konvent von Nevers ein, und hier, unter den Qualen des Asthmas und der Schwindsucht, die alle wie sie hungernden und frierenden jungen Leute dahinraffen, stirbt sie im April des Jahres 1879.

Freiwillige Opfer

Die Szenerie von Fatima ist der von Lourdes sehr ähnlich: La Cova da Iria, auf dem offenen Lande gelegen, 100 Kilometer von Lissabon entfernt, drei Kinder mit ihrer kleinen Herde auf der Weide, ein Wetterleuchten, und dann erscheint im Wipfel eines niedrigen Bäumchens eine sehr schöne Dame und sagt: »Habt keine Angst, ich will euch nichts Böses antun.« Es ist der 13. Mai 1917. Die Kinder heißen Lucia, Francesco, Giacinta. Lucia, die Älteste (die heute noch in einem Karmeliterkloster lebt), ist zehn Jahre alt, ihr Cousin neun und ihre Cousine sieben. Keines der drei Kinder kann lesen. Francesco und Giacinta werden bald darauf an Tuberkulose sterben. Die Dame ersucht auch sie, viele Rosenkränze zu beten, Buße für die Sünder zu tun und eine Kapelle erbauen zu lassen. In der letzten Erscheinung – der vom Oktober – gibt sie sich als die Madonna mit dem Rosenkranz zu erkennen. Die Folgen dieser Geschichte, wie auch die von Lourdes, sind immer zahlreichere Wallfahrten (der kleine Platz vor dem Heiligtum faßt eine Million Menschen), ist die Überschwenglichkeit der Marienverehrung und des Rosenkranzes, die himmlische Bestätigung der kirchlichen Autorität und ihrer Vertreter. Ähnlich verläuft auch die Lebensgeschichte derer, denen die Madonna erschienen ist. Die Dame hatte Bernadette versprochen, sie in der anderen Welt, nicht aber in dieser, glücklich zu machen. So war es auch. Am eigenen Leibe hat Bernadette Leiden erfahren, die sich nur schwer erzählen lassen. Sie bestehen in dem aberwitzigen Widerspruch, als Küchenhilfe und Krankenschwester in der Krankenabteilung eines Klosters zu arbeiten und gleichzeitig glauben zu sollen, daß sie von Gott auserwählt worden sei, die Welt und die Machthaber der Welt zu lehren, was sie zu tun haben. Ihr, wie im folgenden den Kindern von Fatima, hat die Dame ein »Geheimnis« anvertraut, das Bernadette ihr ganzes Leben lang bewahren sollte, trotz der Bemühungen ihrer Mitmenschen, es ihr zu entlocken. Aus dem, was ihre Biographen berichten, auch wenn es in den üblichen hagiographischen Gemeinplätzen der mystischen Dunkelheit und der Glaubensanfechtungen wiedergegeben wird, ist doch leicht zu ersehen, daß Bernadette zeitlebens der Zweifel bedrängte, der sie zwang, sich vom Teufel verfolgt zu glauben. Dies ist die einzig mögliche Erklärung für ein armes Mädchen, das gewaltsam in die Auseinandersetzungen der Gelehrten hineingezogen wird, die in Bernadettes Berichten nichts als die himmlische Bestätigung der Autorität und der Macht dessen finden wollen, der das Dogma verkündet hat.

Am Ende ihres Lebens entringt sich Bernadette der Schrei: »Ich bin zermalmt worden wie ein Weizenkorn!« Natürlich stammt der bildliche Vergleich nicht von ihr: Er ist Bestandteil der »Passion« eines der bedeutendsten Märtyrer, des Bischofs Ignatius von Antiochia, und Bernadette hat ihn oft im Stundengebet zu Ehren des Heiligen gehört. Doch sie hat sich dieses Bild zu eigen gemacht, weil ihr Leben so war. Wie viele andere Frauen, die zur selben Zeit wie sie leiden und als Opfer sterben, hat sie keine andere geistige Nahrung gehabt als das, was die Kirche an Tugenden einschärft: glauben, gehorchen, sich opfern, sterben. Welche andere »Größe« wird schon den Frauen zugebilligt? Wo sonst können junge Mädchen den Sinn ihres Lebens finden, die voll von Gefühlen, Wünschen, von Sehnsucht und die intelligent sind, als auf dem einzigen Gebiet, das ihnen zugewiesen ist: in der Kommunikation mit der überirdischen Welt, im Dialog mit dem Jenseits, der einzigen »Macht«, die nicht nach Reichtum, Wissen oder Macht fragt? Wie sonst soll man ein »Held« werden, wenn man ein »schwaches Weib« ist, unwissend, arm, aus dem gesellschaftlichen Leben ausgeschlossen?

In diesem historischen Augenblick hat die Kirche keine anderen Soldaten, die sie in die Schlacht schicken könnte. Doch diesen erlegt sie das Äußerste an Heldenmut auf: sich freiwillig in den gefahrvollsten Taten zu opfern, nämlich auf dem Feld der Ehre zu fallen, nachdem sie alle Wunden erlitten, all ihr Blut vergossen haben. Das ist die einzige Botschaft, die auch die entlegensten Landstriche erreicht, die zu den kleinen Hirtenkindern gelangt, denen nur der Rosenkranz zum Beten bleibt, um »erwachsen« zu spielen. Wie immer, wenn die Madonna angerufen wird, ist das Vaterland in Gefahr. Das Jahr 1870 hat Frankreichs Niederlage gesehen. 1917 den tragischsten Augenblick des Ersten Weltkriegs. Dies sind genau die Jahre der Bernadette, der Therese von Lisieux, von Gemma Galgani, von Lucia, Giacinta und Francesco. Frauen und Kinder – wir wissen es bereits – fallen unter dieselbe Vorstellung von Weiblichkeit, die sie dorthin treibt, wohin Kultur und Gesellschaft sie zu gehen nötigen: das Überirdische zu erahnen, das Überirdische »zu sehen«, ohne es bändigen oder beherrschen zu können. Dies ist jedoch die einzige Möglichkeit, in den Augen der Gesellschaft »lebendig« oder, besser gesagt, »existent« zu sein. Nur wenn sie sich zermalmen lassen wie Weizenkörner, wird die Welt ihre Existenz zur Kenntnis nehmen. Lange Jahre schleppt Bernadette schwindsüchtige Lungen, von Knochentuberkulose brüchige Knie mit sich herum, ohne daß jemand in ihrer Umgebung irgend etwas zur Linderung ihres Leidens unternähme. Aber dies ist der »Beweis«: Nur die Dame, die Madonna, kann ihr so viel Kraft verliehen haben. Während sie schweigt, sich über die Fußböden beugt, die geputzt werden müssen, drängt sich die Menge um die Glaswände des Heiligtums zusammen, wo ihre Gestalt mit der einer anderen Frau dargestellt ist, in deren Namen, »Madonna der Siege«, die Söhne Frankreichs in den Tod geschickt werden.

Therese vom Kinde Jesu ist erst fünf Jahre alt, als Bernadette stirbt, aber bald wird sie verehrt und als Heilige angebetet werden. Die beiden Leben gleichen sich so sehr und sind so schnell aufgezehrt, daß sogar die Kirche in ihrer feierlichen und vorsichtigen Gemächlichkeit sich davon mitreißen läßt. Theresia stirbt 1897 mit 24 Jahren, auch sie ist wie die anderen aufgebraucht von dem langen Martyrium der Schwindsucht, in dem alle wie immer den himmlischen Willen und den Beweis ihrer Heiligkeit sehen. Die Madonna fehlt nicht am Kopfende der Sterbenden, bereit das »Opfer« ihrer Diener anzunehmen: Die letzten Worte, die Therese aufgezeichnet hat, sind auf das Bild der »Madonna der Siege« geschrieben. Doch schon ist ein weiteres, ganz zartes »Opfer« bereit.

Gemma Galgani wird in dem Jahr geboren, in dem Bernadette stirbt. Sie ist arm, Analphabetin, phantasievoll, verfügt über eine Bereitschaft zur Liebe, zum Leben, der in der geistigen und emotionalen Wüste, die sie umgibt, nur sie selbst Nahrung geben kann. Ihr Innenleben ist so dicht, so voller Glut, daß es alle, die sich ihr nähern, einschüchtert. Ihre Liebesfähigkeit ist so stark, daß sie sich dem, den sie liebt, vollständig ausliefert. Erscheinungen, Stigmata, Ekstasen. Der Beichtvater zwingt sie, »hier unten« zu bleiben. Doch warum sollte sie? Das »hier unten«, das ihr zugestanden wird, ist das einer Dienstmagd, für deren Unterhaltung man aus Barmherzigkeit sorgt. Sie ist umgeben von kleinen Händlern eines Städtchens wie Lucca, ohne Horizonte und Wünsche, die über das tägliche Wohlbefinden hinausgehen. Im Grunde

ihres Herzens fragt sich Gemma, was Therese so viele
Male gesagt hatte: »Wer kann meine unermeßliche
Sehnsucht stillen?« Eine »andere« Welt tut sich ihr auf.
Wenn sie aus ihr zurückgerufen wird, muß sie treppauf,
treppab durchs Haus laufen, um »wach« zu bleiben.
Aber die Lungen machen nicht mit, die Tuberkulose
setzt ihr zu, wie auch der Teufel, der pünktlich sich an
ihrem Bett einfindet, so wie er an das Bett Bernadettes,
an das Thereses getreten war. Die Kirche hat es ihr wie
allen, die »klein bleiben« mußten, eingehämmert: Die
Gaben, die sie besitzt, sind nicht die ihren, und sofern sie
nicht von Gott kommen, so kommen sie vom Teufel. Nur
wenn sie gehorcht, wenn sie alle Qualen, die ihr die
Krankheit und ihre Umgebung auferlegen, erleidet,
ohne daß auch nur ein Klagelaut über ihre Lippen
kommt, nur dann wird sie ein Opfer sein, das Gott und
seine Stellvertreter auf Erden annehmen. Mit 25 Jahren
stirbt auch Gemma. Ihre letzten Worte unterscheiden
sich kaum von denen Bernadettes: Ihr Martyrium der
»Liebe« ist zu einem der »Schmerzen« geworden.

Gemma stirbt im Jahre 1903. Therese ist erst sechs
Jahre tot, aber ihre Autobiographie *Geschichte einer Seele*
hat ihren Lauf um die Welt gemacht und Millionen von
Menschen bewegt, die sie für heilig halten, während der
Weg der Seligsprechung beginnt. Wenige Jahre später
setzt auch der Prozeß der Seligsprechung Gemmas ein.
Man schreibt das Jahr 1907, das Geburtsjahr Lucias.
Francesco und Giacinta werden kurz danach geboren.
Sie sind die jüngsten in dieser Reihe der »Helden«. Es ist
noch herzzerreißender zu sehen, wie sie die Botschaft
von Opfer und Buße annehmen, die zusammen mit dem
Dogma der Unbefleckten Empfängnis erlassen wurde.

Francesco, der, weil er männlichen Geschlechts ist, die Worte zwar hört, aber die Dame nicht »sieht«, zeigt die Madonna ihr düsterstes Angesicht: Viele Rosenkränze wird er beten müssen, um erlöst zu werden. Der Junge verschließt sich seiner Umwelt. Die liebevolle Mutter Gottes hat ihm und Giacinta auch angekündigt, daß sie bald sterben werden. Also bleibt ihm wenig Zeit zum Rosenkranzbeten. Er bindet sich einen Knotenstrick um den Leib, er spielt nicht, geht nicht zur Schule. Werden diese wenigen Tage voller Opfer und Rosenkränze ausreichen, um die Jahre, die er nicht mehr hat, zu ersetzen? Die »spanische« Grippe bringt Francesco und Giacinta die Schwindsucht, die sie im Schlepptau führt und die besonders alle kleinen und schwachen Kinder dahinrafft. Denen, die ihn ermuntern, antwortet Francesco mit ruhiger und ernster Miene, er werde nicht gesund werden, weil es ihm die Madonna vorhergesagt habe. Die erste Kommunion hat er noch nicht empfangen. Sie bringen sie ihm während des Todeskampfes, als mütterliches Zugeständnis der Kirche gewissermaßen. Der Zweifel treibt ihn um, und er bricht sein Schweigen, nur um Lucia, die älteste, die von der Dame erwählt wurde, zu fragen: »Werde ich genug Rosenkränze gebetet haben, um ins Paradies zu kommen?« Er reicht ihr den blutbefleckten Bußgürtel und sagt noch: »Verbirg du ihn. Es würde der Madonna mißfallen, wenn sie ihn sähe.« Es ist ihr Geheimnis. Auch Giacinta trägt ein Geheimnis mit sich herum, von der Dame ermächtigt, wie sich versteht. Giacinta hat weniger persönliche Sünden wiedergutzumachen. Aber ihr ist aufgetragen, die Sünden der Welt wiedergutzumachen: »Vor allem jene der Unkeuschheit«, hat ihr die Madonna gesagt.

Was aber können die Opfer eines siebenjährigen Mädchens ausrichten gegen die Sünden der »Unkeuschheit«? Die Dame sorgt dafür, daß sie leidet. All diejenigen, die sie bestürmen, wieder und wieder zu erzählen, was sie gesehen hat, sorgen dafür. Sie lassen sich durch ihren Gehorsam, durch ihr Erdulden-Können des Martyriums versichern, daß sie niemanden täuscht, daß der Himmel gesprochen hat und daß Gott lebt. Ihr Kampf gegen die Schwindsucht dauert länger als der Francescos. Man weiß wohl, was ihr hätte helfen können: Luft, Licht, Nahrung, Freude. Doch Giacinta muß Buße tun. Man bringt sie in ein Krankenhaus, weit weg von zu Hause, wo sie niemanden kennt und wo die Ärzte, wie in allen Krankenhäusern, neue Heilmethoden an ihr ausprobieren. Sie entfernen ihr zwei Rippen und lassen die Wunde offen. Aber dies ist nicht das Schlimmste. Das Schlimmste ist, was ihr die Dame gesagt hat: »Du wirst einsam sterben.« Giacinta hat Angst. Auch sie macht es wie Francesco: Sie vertraut sich Lucia an. Doch sie läßt sich nicht trösten. Allein zu sterben ist »ein so großes Opfer, daß man viele Sünder wird bekehren können«. Im Alter von 10 Jahren ist sie am 20. Februar 1920 gestorben.

Die Konkretheit des symbolischen Opfers

Große Heiligtümer erheben sich jetzt an den Orten, wo die Helden geopfert worden sind. In Lourdes, in Lisieux, in Lucca und in Fatima bezeugen riesige, gräßliche Gebäude das ununterdrückbare Bedürfnis der Gesellschaft: Menschenopfer darzubringen. Wenn nicht mehr das geweihte Opfermesser erhoben wird, so deshalb, weil das Opfer dem Anschein nach ein symbolisches geworden ist. Aber wie wir nun schon mehrmals gesehen haben, besteht ein ständiger Fluß vom Konkreten zum Symbolischen und vom Symbolischen zum Konkreten. Bernadette, Therese, Gemma, Francesco, Giacinta und mit ihnen die vielen anderen, deren Namen wir nicht kennen, sind konkret und absichtlich getötet worden: Sei es, indem man sie dazu gebracht hat, den Tod als den einzigen Wert anzuerkennen, oder sei es, indem man sie härtesten körperlichen Leiden und geistigen Qualen ausgesetzt hat.

Und all dies geschieht im Namen der Madonna. So wie Maria von der Theologie die Tugend der universellen Vermittlerin zugeschrieben worden ist, »weil sie das Opfer des Sohnes angenommen und gewollt hat«, so steht die Forderung an die Kinder, sich zu opfern, noch immer mit ihrem Wesen als Mutter im Zusammenhang. Die Begegnung zwischen männlichen Mächten erfolgt also weiterhin auf dem Weg über die Frau. In dem Maße, wie das Idealbild der Frau verblaßt, werden die typisch mütterlichen Züge wiederbelebt. Es sind die Züge, die die Männer immer wieder skizziert haben und mit denen sie der Frau alles Übel zuschreiben, so wie es ihrem Verlangen entspricht. Es ist eine Frau, die es nicht geben darf in dem komplexen Mechanismus der Meidung des Vaters, den man aus Furcht vor einem sexuellen Kurzschluß der Männer untereinander eingerichtet hat. Die Projektion des Inzests auf die Mutter, eine enorme Konstruktion der Kultur, die auf Ödipus zugeschnitten wurde, spricht für sich. Denn es ist der

Vater, der den Sohn opfert, ihn tötet. Isaak ist Zeuge. Die an Abraham ergangene Forderung ist eine Forderung zur »Initiation«. Wie in allen Initiationsriten garantiert der symbolische »Beweis«, daß der Initiierte ihn konkret erbringen wird, wenn es von ihm verlangt wird.

Es ist die unerbittliche Gerechtigkeit Gottes, der seinen Erstgeborenen opfert, die die Kirche voll Freude aufschreien läßt: *»O felix culpa!«* Glücklich ist die Schuld, die uns einen solchen Erlöser gegeben hat, die Gott dazu trieb, seinen Sohn zu töten. Aber das Drama wird auf die Mutter verlagert, weil man so das furchtbare Angesicht des Vaters nicht sehen muß, und auch jene ihr eigenes Angesicht nicht sehen und nicht herzeigen müssen, die die Macht über das Opfer innehaben. Also werden die Söhne im Namen einer zärtlichen Mutter den Tod annehmen, und sie werden somit die Frau, die Frauen weiterhin hassen können.

7. Kapitel
Die Madonna und die Formen
ihrer Darstellung

Erregen sie Ehrfurcht – die Madonnen Raffaels, Fra Angelicos, Murillos oder welches anderen großen Künstlers auch immer? Ich denke, man darf diese Frage ruhigen Gewissens mit einem Nein beantworten. Das Staunen, die Wahrnehmung einer Entdeckung, einer »neuen« Bedeutung, die innere Harmonie, all dies, was den Genuß eines Kunstwerks ausmacht, resultiert aus der Schönheit. Ich gehe hier nicht auf die unerschöpfliche Diskussion über die Funktion der Kunst ein, die seit Platon die gesamte Philosophie und Ästhetik durchzieht. Doch läßt sich offensichtlich das problematische Verhältnis zwischen dem »Gegenstand«, der dem Künstler von seinem Auftraggeber oder auch durch den jeweiligen kulturellen Kontext vorgegeben ist, und seiner persönlichen Inspiration und Gestaltung stets auf das grundlegende Faktum zurückführen, daß das Kunstwerk Gesetzen gehorcht, die dem Gegenstand äußerlich sind.

Die Ästhetik in der Theologie

Es handelt sich hier naturgemäß um ein sehr vielschichtiges Problem, das jedenfalls die Möglichkeit zu immer neuen Reflexionen offen läßt, da wir über keine überzeugende Definition der Kunst verfügen. Doch scheint gerade die massive Präsenz der »Madonna« in der europäischen Kunst einen möglichen Weg zu eröffnen, diese Frage bewußt zu stellen. Ist nicht die Kunstkritik hinsichtlich der unzähligen Darstellungen von Verkündigung, Himmelfahrt, Unbefleckter Empfängnis und Krönung Marias einem groben Irrtum erlegen, und erliegt sie ihm nicht noch immer? Nochmals: Ist es wirklich die Madonna gewesen, die die Künstler zu diesen Darstellungen inspirierte?

Die Marientheologie hat, wie wir gesehen haben, Stoffe und Inhalte der Kultur vom Konkreten ins Symbolische »übertragen« und sie auf einer zweiten Ebene, der symbolisch-konkreten, angesiedelt. Infolgedessen wurde die Kunstproduktion, die ausschließlich Gestaltung des Symbolischen ist, auf eine dritte Ebene der Kultur verlagert. Unter diesem Gesichtspunkt begreift man leicht, welchen Platz die Madonna in der Kunst einnimmt. Was die theologische Darstellung der Maria angeht, wird sowieso bestritten, daß ihr ästhetische Erwägungen zugrunde lagen. Das Problem ist bereits im Zusammenhang mit der Analyse der Mythen besprochen worden. Wie »schön« uns auch diese Darstellungen erscheinen mögen, so können wir sie doch nicht von der Schönheit her begreifen. Die zwingende und logische Notwendigkeit, die der Mythenbildung inhärent ist, duldet nicht die spielerische Freiheit, die »Frage-

Struktur« des Kunstwerks. Die Theologie behauptet, ihre Aufgabe bestehe nur darin, das ans Licht zu bringen und deutlich zu machen, was in den Schriften bereits enthalten und was infolgedessen zum Dogma erhoben ist, weil es der geoffenbarten Wahrheit entspricht. In diesem Sinne steht die theologische Aussage, gerade weil sie die Wahrheit »festlegt« und auf sie antwortet, im Gegensatz zum künstlerischen Ausdruck, der infolge seines symbolischen Gehalts auf das anspielt, was der Mensch fühlt, wünscht, denkt, liebt. Dies wird in der Kunst in unendlichen Formen ausgedrückt, in denen der Mensch nie ganz enthalten ist. Was die Marienkunst betrifft, so liegt das Problem darin, daß auch die Madonna eine reine Erfindung ist. Die Marientheologie »erfindet« ebenso wie die Kunst. Durch das Idealbild der Frau hat man die Verbindung der Theologie mit der Kunst geschaffen – eine Verbindung, die noch immer besteht.

Die Formbarkeit des Frauenbildes, auf die wir mehrmals Bezug genommen haben, hat ihre Ursache in dem Mangel an kultureller Wirklichkeit, dem das Leben der Frauen als schöpferischen Subjekten unterworfen ist.

Die überschwengliche Verehrung der Madonna hat sich auf die konkrete Behandlung der Frauen fast überhaupt nicht ausgewirkt. Dementsprechend hat die dem Frauenbild zugeschriebene Funktion nichts mit dem Leben der Frau in der Gesellschaft zu tun.

Diese totale Unwirklichkeit und zugleich ihre symbolische Definition lassen der Rolle, die das Frauenbild jeweils annehmen kann oder muß, völlig freien Raum. Das Bild der Frau entspricht somit einer Idee, einer Phantasie, einer Sehnsucht, der Projektion des Mannes, als dem einzigen Schöpfer. In der Marienkunst verschmelzen zwei »Ideale«. Diese Verschmelzung erlaubt »Typologien«, die in der »Madonna« verabsolutiert werden können, weil die theologischen *topoi* sie unterstützen. Mit anderen Worten: Die symbolische Konkretheit der Theologie, die ihre Leidenschaft auf ein Wahngebilde gerichtet hat, gibt der Leere des Ideals einen Inhalt. Das heißt, sie gibt ihm einen Namen, und dieser ermöglicht unzählige Namen.

Der Prototyp der Mutter

Einer der Berührungspunkte von Idealbild und Bild der Madonna ist in dem Motiv der »Mutter« sichtbar. In den Darstellungen der *Geburt Christi* und in den meisten Bildern der *Madonna mit dem Kind* konzentriert sich der Blickpunkt des Kunstwerkes auf die »Geburt« und nicht auf die Gestalt der Maria. Wie wir bereits festgestellt haben, schließt die Geburt die Mutter mit ein, damit sie überhaupt vorstellbar und verständlich wird. Die Darstellung der Mutterschaft ist kein Ausdruck des Nachdenkens über die Frau als Person. Im Gegenteil, es wird klar und deutlich ausgedrückt, welche Funktion die Frau für das Leben ihres Sohnes hat. Das hindert jedoch weder den Schöpfer des Kunstwerks noch den Betrachter daran, die Maria in den Mittelpunkt zu rücken. Der Grund dafür läßt sich leicht begreifen: Die Frau ist die einzige, die als »Person« die Aufmerksamkeit auf sich ziehen kann. Ein Kind, und insbesondere ein Säugling, ist in seiner Körperlichkeit nicht »betrachtenswert«. Im

Gegenteil, es kann strenggenommen nicht einmal darge-stellt werden, weil keine Identifikation mit ihm möglich ist. Niemand vermag sich an sich selbst, an das eigene Leben in den ersten Monaten und Jahren zu erinnern. Da frühkindliche Erfahrungen nicht erkennbar und nicht übertragbar sind, weiß auch der Künstler nichts darüber auszusagen. Deshalb versucht man, das Kind über die Gestalt der Mutter sprechen zu lassen und ihm so Bedeutung zu verleihen: Seine Zerbrechlichkeit, Arg-losigkeit und Hingabe werden über die Haltung der Mutter vermittelt. Diese spricht folglich nicht für sich, sondern in ihrer Eigenschaft als Mutter, d. h. so, wie sie die Menschen haben wollen: Sie hat *für* das Kind *dazu-sein*. Die »Mutter« ist keine Person. Sie läßt sich nur als idealisierter Prototyp bestimmen, so wie sie der Mann sieht. Sie ist von einer vergeistigten Körperlichkeit, der nichts von der Schwere der Mutterschaft anhaftet. Der Körper der Mutter-Frau, der in der wirklichen Schwan-gerschaft, Geburt und Stillphase so unförmig tierhaft ist, wird in der künstlerischen Darstellung ausgelöscht. Die ›Heimsuchung‹ in den letzten Monaten und während des Kindbetts, die den Körper der Frau und ihr inneres Erleben auf monströse Weise deformiert, den Blick stumpf macht, das Gesicht, die Beine und die Füße an-schwellen läßt, wird in den Darstellungen, in denen sich die Kunst mit der Theologie verbündet, verdrängt und negiert. Was die Kunst darstellt, ist der phantasmago-rische »Körper«, wie ihn die Theologie sieht – ein Kör-per, der ohne Koitus, ohne Wehen, ohne Blut und Ex-kremente geboren hat.

Abbildungen der schwangeren Madonna sind selten und finden sich zumeist in naiven Darstellungen oder in der Volkskunst. Sie deuten in der Regel kaum die Schwellung des Leibes an, so daß die Idealität der Gestalt nicht im mindesten beeinträchtigt wird. Dieses Zusammengehen der Kunst mit der Theologie ist im übrigen auch in den zahlreichen Werken gut sichtbar, die den *Besuch*, die Begegnung zwischen der Madonna und Elisabeth darstellen: Beide befinden sich in einem Zustand fortgeschrittener Schwangerschaft, und doch wird die leibliche Wirklichkeit fast gänzlich geleugnet. Dies zeigt sich ebenso deutlich in den Darstellungen der stillenden Madonna.

Die dem Motiv *Mutter und Kind* gewidmeten Werke wollen gar nicht den Vorgang des Stillens darstellen, auch wenn sie – wie es im Spätmittelalter und in der Renaissance der Fall ist – die Aufmerksamkeit auf den nackten Busen lenken. Die kleinen und hohen Brüste entsprechen der ästhetischen Norm des Erotischen. Wahrscheinlich ist dies auch einer der Gründe, weshalb die Brüste »in Staunen versetzen«, führen sie doch ein erotisches Stimulans in einen Kontext ein, der das eigentlich nicht zuläßt. In einigen Beispielen aus dem 15. Jahrhundert zeigt sich dieses »Erstaunliche« ziemlich deutlich. Auf dem Bild *Die stillende Madonna* von Jean Fouquet z. B. tritt der Busen stark hervor, nackt und von einer imaginären Schönheit, während das Kind gar nicht daran denkt zu trinken. Dies trifft ebenfalls auf das Bild *Jungfrau mit dem Kinde* des Meisters von Flémalle zu: Die Madonna stützt mit einer Hand die entblößte Brust, während das Kind sich an die andere schmiegt, aber nicht saugt. Doch auch wenn das Kind dargestellt ist, wie es zu saugen beginnt, so z. B. in dem Gemälde *Jungfrau mit dem Kinde* des Meisters der Horen von

Rohan, führt der Busen ein Eigenleben. Er wird für sich selbst »betrachtet«, und seine erotische Vitalität hat nichts mit der Schwere einer Milch tragenden Brust zu tun. Im übrigen brachte die Kirche diesen Darstellungstypus allmählich zum Verschwinden, weil sie darin, wenn auch unausgesprochen, einen Mangel an Achtung gegenüber Marias »Keuschheit« sah.

Dennoch ist das Motiv des Stillens gebunden an die Identität zwischen der Frau des *Hohen Liedes* und der Madonna, von der wir bereits gesprochen haben. Oder – so könnten wir auch sagen – an die Identität zwischen der Madonna und der idealen Frau in der höfischen Liebe. Die Mütter, die in der Öffentlichkeit stillten und deren Brüste in Folge der vielen Schwangerschaften und mangelhaften Ernährung herabhingen, waren allen vor Augen. Doch die Idealisierung der Frau hat niemals deren konkretes Leben beeinflußt, so wie dieses auch niemals die männliche Phantasie beflügelt hat. Die ideale Frau führt den Mann zu seinen höchsten Zielen: Sie stützt und nährt ihn. Aus ihrem Busen bezieht der Liebende Kraft und Wohlbehagen. Er ist von ihr abhängig wie ein Kind, oder besser gesagt, er ist das Kind. Sie lebt *für* ihn, beugt sich über ihn, bezieht ihr Dasein aus ihm. »Deine Brüste sind wie zwei Kitzlein«, (CC 4,5) singen die Liebenden des *Hohen Liedes* ohne Unterlaß. Ganz offensichtlich entspringt der Vergleich einer Wahnvorstellung.

In der Identität von Madonna und idealer Frau finden auch die *Jungfrauen mit dem Kinde* Platz. Es ist dieser weibliche Körper, auf den die Wünsche der Theologen und der Künstler projiziert werden. Dort will man die Hoffnung, den Liebreiz, das Heil finden. Es ist ein Körper, der immerzu neu geformt, idealisiert, vergeistigt und betrachtet wird, weil das Begehren des Mannes unendlich ist.

Die Verbindung mit dem Jenseits

Diese Idealisierung tritt am deutlichsten in den Kunstwerken zutage, wo die Madonna allein dargestellt ist, in der *Verkündigung*, der *Unbefleckten Empfängnis* und der *Krönung*. Am eindrucksvollsten erscheinen die *Verkündigungen*, wahrscheinlich weil sie konkret – genau wie in der theologischen Darstellung – jener grundlegenden Funktion entsprechen, die der Frau von der Kultur zugeschrieben wird: der Verbindung mit der jenseitigen Welt. Es ist eine Verbindung, die sich über die Empfängnis und die Geburt vollzieht, die aber die Frau bereits im Jenseits ansiedelt, d. h. in der überirdischen Welt des Todes als dem wahren Leben. Der Engel als himmlischer Bote ist eine per se bedeutsame Figur von großer kultureller Tiefe. In ihm materialisiert sich die göttliche »Potenz«, die Allgegenwart Gottes. In der Marien-Ikonographie nimmt der Engel unwillkürlich männliche Gestalt an (so oft das Geschlecht der Engel auch erörtert worden sein mag, es handelt sich um müßige Diskussionen: In der Welt der »Macht« gibt es das »Weibliche« nicht). Er ist nicht nur deshalb männlich, weil er mit männlichen Gesichtszügen dargestellt wird, sondern weil eine der Frau beigestellte machtvolle Person nur ein Mann sein kann. Wie in allen Gesellschaften des Altertums symbolisieren die Flügel die Potenz des Phallus, ebenso wie die Lilie, der Stock oder jeder andere Gegenstand, der durch eine lange und aufgerichtete Form gekennzeichnet ist. In gewisser Hinsicht verkörpert der Engel die Befruchtung, indem er die Vorstellung zum Ausdruck bringt, daß er im Sprechen befruchtet, daß der Samen ein verbaler Akt ist, ein Geist, der im Zeugungsakt »die Flügel bewegt«.

Von daher rührt übrigens die Bedeutungsgleichheit von »Wort« und »Potenz« Gottes, die durch die Beschneidung das Bündnis erst möglich macht. Gott ist derjenige, der *aufschreibt*, der im Aufschreiben Besitz ergreift. Sein Wort ist so sehr »Zeichen«, daß es zur »Schrift« wird. Deshalb bekleidet sich der Jude mit der »Schrift« (einige auf das Gewand geheftete, kleine Bibelverse), die für sich selbst schon ein göttliches Zeichen ist. Der Engel also spricht und gibt der Madonna ein Zeichen von der Macht seines Wortes. Wie sehr auch immer die Theologie die Achtung des Engels gegenüber Maria betont haben mag, die Künstler unterwerfen sich nicht den kulturellen Regeln und stellen den Engel mit einer verborgenen »männlichen« Autorität und in einer fraglosen Überlegenheit gegenüber der Frau dar. Im übrigen resultiert die Schönheit der *Verkündigungsdarstellungen* aus der demütigen und gemessenen Sanftheit der Frau angesichts des Engels. Das heißt, aus dem »Zwiegespräch«, bei dem ein junges, überaus schönes Mädchen, das sich ganz auf die Worte des mächtigen Wesens konzentriert, niederkniet und sich von all dem formen läßt. So begleiten und unterstreichen z. B. in der *Verkündigung* des Leonardo die Frühlingsstimmung, die große Fülle der Landschaft, des Lichts, der Wiesen und der Blumen die durchsichtige und strahlende Schönheit einer fast mädchenhaften Madonna, die schon als

Knospe eine Vorstellung von dem überirdischen Bild der idealen Frau gibt.

Wir haben es dabei noch einmal mit der Verbindung von Marientheologie und ästhetischem Ideal zu tun. Dieses Ideal ermöglicht dem Künstler den Verzicht auf religiöse Bedeutungen, weil ihm für seine Inspiration das Ideal der Weiblichkeit genügt. Hieraus erklärt sich aber auch, warum das Kunstwerk keine Andacht zu erregen vermag. Dieses Unvermögen ist in gewisser Weise die Bestätigung dafür, daß das, was die Marientheologie hervorgebracht hat, nicht »religiös« ist. Es gibt Künstler wie Fra Angelico, Gentile da Fabriano, Luca della Robbia und viele andere aus der Schule von Siena, die das von der Theologie in die Welt gesetzte Mysterium dadurch lösen, daß sie sich in die Vorstellungswelt des Märchens, in die Magie der Zauberei versetzen. Gerade weil sie sich einer wundergläubigen und naiven Eingebung erfreuen, ohne sich zur Vermittlung überirdischer Botschaften zu zwingen, erreichen diese Werke vielleicht eine größere Nähe, eine Einfachheit, die, wie in den leidenschaftlichen Erwartungen der *Fioretti*, die Sprache des Volkes spricht. So kommt man vom »religiös« Wunderbaren der Theologie zu dem der »Legenden«, und in der Magie des Märchens unterscheidet sich die Madonna kaum von einem Aschenputtel, das Königin wird. Dies alles geschieht jedoch mit der ganzen Leichtigkeit des verzauberten Geistes, der zu träumen, im Zauberhaften zu leben *versteht*, mit jener Leichtigkeit, die der theologischen Imagination so gänzlich abgeht. Deshalb verliert die Geschichte vom Aschenputtel, das Königin wird, in dem Moment jene Anmut des Märchens, wenn sie zur Proklamation des *Königtums der Maria*, zu deren konkreter *Krönung* wird.

Vielleicht sind es die kältesten, die ausdrucksärmsten Darstellungen, die der Krönung und Himmelfahrt gewidmet sind. Diese Motive treten stets gemeinsam auf, ist doch die Aufnahme des Körpers von Maria in den Himmel zugleich ihr Triumph. Aber gerade weil Himmelfahrt und Krönung Marias den unvermeidlichen Abschluß der theologischen Prämissen bilden, die aus der Madonna ein außermenschliches Wesen, »vor« der Kultur und außerhalb der Kultur, gemacht haben, schließt sich mit ihnen der Kreis ihrer ahistorischen Konkretheit. Diese Begebenheiten können nicht dargestellt werden. In dem Bild der *Krönung* von Jan Polack sowie in dem motivgleichen Gemälde von Enguerrand Charonton, doch vielleicht am stärksten in dem Bild der *Himmelfahrt* von Tizian wird deutlich, daß es für den Künstler unmöglich ist, etwas durch diese Art der Darstellung »auszusagen«. Die Unmöglichkeit liegt darin begründet, daß Himmelfahrt und Krönung nicht in das Bild der idealen Frau übersetzbar sind. Der Künstler bleibt deshalb stumm, ohne wahrhafte Inspiration. Bedenkt man andererseits, daß es sich bei der Behauptung der Himmelfahrt und des Königtums Marias seitens der Theologie nicht um eine Begebenheit aus mythischer Vorzeit handelt, sondern um das Ergebnis jahrhundertelang unermüdlich betriebener Ausarbeitung, das im Jahre 1950 zum Dogma ausgerufen wurde, so begreift man das eigentliche Auseinanderklaffen von der geschichtlichen Entwicklung der abendländischen Gesellschaft, die die Gleichheit des »Subjekts« erklärt, und der Entwicklung der Theologie, die zu dem Nicht-Sein der Frau führt.

Freilich hatte auch Dante begeistert ausgerufen: »Königin, die du vermagst, was du willst.« Aber Dante lebte in einer Zeit, in der das »Königtum« so mächtig war, daß es die Zeitgenossen als von Gott eingesetzt auffassen konnten. Es ist die gleiche Macht des überirdischen Königtums, die die Märchen in eine zeitlose Zeit versetzen und das deshalb mit einer Aureole des Traums umgeben wird, die einzig der Sehnsucht der kleinen Magd entspricht, die die Gemahlin des Königs wird. Aber was soll man von der Hymne halten, die Perosi für die feierliche Proklamation im Jahre 1950 komponierte? Traurig wird da gesungen: »Vor dir, Königin des Universums, verneigt sich der Himmel; in ihrem Glanz jubelt die in Blüte stehende Erde; es zittert die Hölle vor Neid. Mutter Christi, Fleisch gewordenes Wort, zu dir seufzt die Menschheit, die nun erlöst ist von ihrer Sünde, weil du gesagt hast, ›es werde Liebe‹. Unbefleckte, göttliche Mutter, sogar uns ganz Elenden bist du noch Mutter. Wie wohl es tut, dich Mutter und Königin, unsere Königin, Mutter der Liebe zu nennen. Dein mächtiges Königtum möge mit Christus die feindlichen Kräfte besiegen. Und ewig wirst du mit Gott dem Schöpfer herrschen, dessen Mutter, Tochter und Gemahlin du bist. Dein unfehlbares, dein ruhmreiches, dein allererhabenstes Königtum.« In ihrer künstlerischen Qualität unterscheiden sich die Mariendarstellungen in Malerei und Plastik außerordentlich stark von denen der Literatur, woraus hervorgeht, daß der künstlerische Ausdruck auf die »Typologie« angewiesen ist.

Das *Wesen* der Typologie nimmt in dem sichtbaren Bild Gestalt an, und zwar mit einer symbolischen Absolutheit, die von der »Erzählung« nicht erreicht wird. In der Literatur wird also der Zusammenhang zwischen der »Madonna« und dem Frauenideal noch deutlicher: Das, was der Dichter von der Madonna sagt, kann er ebensogut von seiner idealen Frau sagen. Nur wenn diese Übereinstimmung besteht, »besagt« die Mariendichtung etwas.

Die Typologie der Symbole in der Malerei

Die Motive bleiben natürlich gleich, aber einige der ausgeprägten Symbol-Typologien finden ihre höchste Ausformung in der Malerei. So macht diese sich z. B. bei *Rosa Mystica* und *Hortus Conclusus* die Analogie zwischen Frau und Blume zunutze, die sich in der dichterischen Vorstellungswelt aller uns bekannten Gesellschaften findet. Es handelt sich um eine Analogie, die der zwischen Madonna und Blume vorausgeht und sie verstärkt, indem sie sie belebt. Die Schönheit der Frau gleicht der einer Blume: Sie ist zart, zerbrechlich, vergänglich. Lilien, Rosen, Veilchen werden zu leicht verständlichen Symbolen der weiblichen Schönheit, da sie ebenso schnell zu sterben bereit sind, wie die Schönheit der Frau verblüht. Frau – Blume – Tod – das eine verweist auf das andere, und von dieser grundlegenden Symbolik bezieht das Bild der Madonna mit den Blumen Geltung, Substanz und starre Unwandelbarkeit. Sie allein unter allen Frauen verbürgt in der Tat Schönheit ohne Verwesung, ohne Tod.

Wenn die Schönheit der Maria eine Schönheit ist, die der Zeitlosigkeit des Ursprungs, der Zeit vor dem Sündenfall, vor dem Erdenleben, vor der Sexualität und daher vor dem Einbruch des Todes in die Welt angehört, dann besitzt, *ist* nur sie die Schönheit, die nie vergeht. Sie ist eine ewige Blume, die sich immer gleich bleibt. Hieraus erklärt sich die Stereotypie dieser Madonnen, ihre Blässe und ihre kalte Ausstrahlung. Sogar in einigen der hinreißendsten Beispiele wie *La Vierge et l'Enfant à la fleur des pois* des Meisters der Heiligen Veronika vermag die sanfte Ruhe, die unter den niedergeschlagenen Augen durchdringt, keine Botschaft des Lebens zu vermitteln. Wer ist diese Frau? Was denkt, weiß, fühlt sie? Schön, aber unergründbar wie sie ist, kann man ihr keine wie auch immer geartete Individualität zuschreiben. Tatsächlich sind fast alle *Madonnen mit den Blumen*, oder *Madonnen im Garten* Märchengestalten von einer symbolischen, künstlichen Schönheit, die keinen anderen Eindruck hinterlassen als die Bewunderung ihrer ästhetischen Reize. Ihre entsexualisierte Erotik – eine Bemühung des Künstlers, sich den Inhalten der Marientheologie anzunähern – ist um so reizvoller, als sie auf eine Sehnsucht anspielt, die sich im So-Verbleiben, im Nicht-Erhört-Werden, im Hoffen auf eine unerfüllte »Hoffnung« selbst genießt: »Ave spes, unica«.

Alle diese Madonnen haben einen körperlosen Körper, eben jenen, den die Theologie verlangt. Aber während im Unausgesprochenen der Kunst der Körper einen Gegenstand der poetischen, phantastischen, imaginären Sehnsucht darstellt, ist der körperlose Körper in der Theologie auf bedrückende Weise in die sexuelle Fabuliererei, in die anatomische Konkretheit, in die von der Psychose besessen gesuchte und verabscheute Leiblichkeit eingebettet. Man eliminiert das Imaginäre, und zurück bleibt das konkret Symbolische, ohne das Subjekt, ohne den Menschen. Vielleicht findet sich hier, in der Dimension des symbolisch Konkreten, eine mögliche Definition der Psychose, deren Züge so überaus schwer zu umreißen sind. Aber wenn, wie Roland Barthes behauptet, die Ebene der Psychose erreicht ist, wenn sich die eigene Rede auf niemand mehr bezieht, scheint das, was die Marientheologie hervorgebracht hat, eines der dramatischsten Beispiele einer Psychose zu sein. Die Mariendogmen sprechen in der Tat eine Sprache, ohne von der gesprochenen Rede, die sich durch die Geschichte zieht, Gebrauch zu machen. Sie sprechen eine Sprache, die keiner Veränderung unterworfen ist, eben weil sie nicht »gesprochen« werden kann. Tatsächlich handelt es sich dabei um eine Metasprache, die nur »Formen« hervorbringt, indem sie sich vom normalen Kontext entfernt.

Natürlich könnte man die Darstellung der Maria in der Kunst noch unter vielen anderen Gesichtspunkten untersuchen. Doch wenn wir weiterhin bei dem Motiv »Mutter« bleiben, so deshalb, weil sogar in diesem, das als das »menschlichste« Merkmal Marias erscheinen kann, der Künstler sich vergebens mit der von seiten der Theologie gepriesenen Botschaft der »Schönheit« zu identifizieren versucht hat. Wieder stand er vor dem Problem, die Wahrheit, nämlich die des Mannes gegenüber der Mütterlichkeit, auszudrücken. In der *Geburt Jesu* des Georges de La Tour, die von den Kritikern als »anmutig« und überaus lieblich bejubelt wird, erscheinen Frau und Kind in Wirklichkeit wie Gefangene, die in sich selbst verschlossen sind und sich in einem quälenden Zustand der Kommunikationsunfähigkeit mit der Außenwelt befinden. Die Mutter blickt auf einen unbestimmten Punkt zwischen sich, dem Kind und der Umgebung, was in den Darstellungen Marias mit dem Kind sehr häufig der Fall ist. Sie erscheint als Opfer, nicht gefaßt, doch unbeweglich, wie auch das Kind, das steif in seinem Wickelkissen liegt, das ihm die Luft zum Atmen nimmt, ein Kind, das schläft, mit schmalen Augen und zusammengedrücktem Gesicht, ohne daß Zuversicht und Hingabe aufkommen könnten.

In der *Madonna von Brera* des Piero della Francesca empfinden wir eine unmenschliche Härte. Die Augen der Madonna sind fast geschlossen als Zeichen innerer Konzentration, ihre Haltung ist feierlich und distanziert. Ebensowenig wie die Farbigkeit vermag ihr das Licht, das sie umgibt, Lebendigkeit zu verleihen. Sie erscheint fast tot, in aufrechter Haltung, mit vorspringendem und starrem Kinn. Ein Versuch, ihr Mysterium darzustellen? Vielleicht ist es so. Aber das Ergebnis erregt weder Rührung, noch läßt es eine emotionale Anteilnahme zu. Wir stehen also wieder vor dem Grundproblem: Ist die Mariendarstellung schön, ohne emotional zu berühren? Und: Kann uns etwas bewegen, das keine Botschaft zu übermitteln hat? Man könnte annehmen, die Botschaft bestehe gerade darin, daß die Madonna sich konzentriert und in das Mysterium des Überirdischen eingeschlossen ist. Aber die emotionale Komponente einer Botschaft ist nur über die Teilhabe an der Botschaft selbst vermittelbar, wohingegen sich in diesen Madonnendarstellungen keine Möglichkeit der Teilhabe eröffnet. Dies wirft eine weitere Frage auf. Hat der Künstler gerade diesen Umstand mitteilen wollen, nämlich, daß keiner am Mysterium Marias teilhaben kann, weil sie sich von allen Menschen so grundlegend unterscheidet? Auch in diesem Fall stellt sich jedoch die »Andersartigkeit« nicht als überirdische Botschaft dar, wird nicht als »Unmitteilbarkeit« übermittelt und berührt daher auch nicht emotional. Das Gefühl des Dichters ist kalt, weil er die Bedeutungen, die er darstellt, *ausspricht*, aber nicht auf sie *anspielt*, eben weil *er sie nicht empfinden kann*. Man darf sich fragen, ob diese Künstler die Madonna zu ihrem Gegenstand gewählt hätten, wenn sie die Freiheit gehabt hätten, das zu malen, was sie malen wollten. Mit anderen Worten: Man merkt eine Anstrengung, aber auch die Unfähigkeit zur Mitteilung. Man vermißt die der Kunst wesentliche »Frage-Struktur«. Dieser Mangel ist aber in den meisten Fällen nicht auf den Maler, sondern auf den Gegenstand selbst zurückzuführen.

Bilder des Todes

Am »menschlichsten« sind freilich die Darstellungen der *Pietà*, der *Kreuzabnahmen* und der *Kreuzigungen*. Menschlich sind sie allerdings nur nach Ansicht derer, die die Kultur erschaffen und die Wertvorstellungen bestimmen. Der Schmerz der Mutter über den Tod des Sohnes wird mit großem Nachdruck dargestellt, so wie es ihrem Gehorsam entspricht: Denn sie muß den Sohn opfern. Eben dieses Schicksal ist den Frauen zugewiesen worden: Sie haben hinzunehmen, daß sie selbst ihre Söhne in den Tod schicken müssen – auf den Schlachtfeldern ebenso wie in den Opferungen und Martyrien, deren die Kirche sich rühmt. Gewissermaßen als Präfiguration der Madonna wird die Mutter der sieben makkabäischen Brüder betrachtet, die bei den Marterungen und dem Tod aller Söhne zugegen ist und sie ermahnt, sich nicht dem Martyrium zu entziehen, um das Gesetz, das den Genuß von »unreinem« Fleisch (also Schweinefleisch) verbietet, zu befolgen. Die Madonna wird deshalb zu jemand, die die Macht heiligt. Es ist eine Macht, die zu Opfern, zu Kriegen führt, und daher preist man die Madonna als »Königin der Siege«.

Daß sie die Opferung des Sohnes akzeptierte und ihr zusah, ist einer der stärksten Gründe, den die Theologie ins Feld führt, um die Miterlöser- und Mittlerfunktion Marias zu behaupten. In aller Deutlichkeit spricht dies Papst Benedikt XV. aus, der als einer der Ambitioniertesten die Ausrufung Marias als Mittlerin voller Gnaden vorbereitete: »Sie litt so sehr und opferte beinahe ihr Leben gemeinsam mit dem duldsamen und sterbenden Sohn; mit einem so erhabenen Großmut verzichtete sie auf ihre mütterlichen Rechte über das Leben des Sohnes zugunsten des Menschengeschlechts, und soweit es an ihr lag, opferte sie es Gott, um seinen gerechten Zorn zu besänftigen, daß man mit gutem Recht behaupten kann, sie hat gemeinsam mit Christus die Menschheit erlöst.«

Die Künstler, die unzählige Male die bei dem Sterben des Sohnes anwesende Mutter sich zum Gegenstand genommen haben, greifen nachdrücklich diese von der Kultur vorgegebenen Bedeutungen auf, weil sich – um es noch einmal zu sagen – in der Unterwerfung der Mutter, der die »Rechte auf das Leben des Sohnes« zugesprochen werden, ihre Mittlerfunktion in bezug auf das Überirdische erfüllt.

Es gibt eine einzige Ausnahme: die *Pietà Rondanini*. In

diesem Kunstwerk ist weder Platz für die religiöse Bedeutung noch für die der Mutterschaft. Keine Darstellung des Todes ist »mehr Tod« als diese. Das ineinanderübergehende Nebeneinander der Körper, des Körpers der Mutter in den toten Körper des Sohnes, bestätigt die Unmöglichkeit, dem Tod zu entgehen. Die körperliche Gegenwart der Mutter gewährleistet nicht etwa die Fortdauer des Lebens, sondern die des Todes. In dieser aufs äußerste zugespitzten Darstellung des Todes entlädt sich in seiner ganzen Ohnmacht der Haß eines Mannes wie Michelangelo, der mehr als irgendein anderer den Körper gefühlt und geliebt hat. Es ist die körperliche Ganzheit des Menschen in einer Welt, die ihn gezwungen hat, vom Körper zu sprechen, als sei dieser nur ein »Teil« und nicht »das Leben« selbst.

Man könnte auf Michelangelo eine Behauptung von Elias Canetti beziehen: »Das Mutigste im Leben ist, den Tod zu hassen. Verachtenswert und hoffnungslos sind die Religionen, die diesen Haß abstumpfen.«

Die fragende Zeit in der Musik

Doch noch etwas anderes gibt es im abendländischen Kulturkreis, das den Tod bekämpft und ihn – wie Michelangelo – haßt. Es ist die Musik.

In der europäischen Geschichte nimmt die Musik einen ganz besonderen Rang ein. Ihre Entwicklung, das hohe Niveau, das sie erreicht hat, begleiten und unterstreichen das Grundthema der Kultur und bringen es zugleich in der dichtesten und klarsten Form zum Ausdruck: die Entdeckung der Subjektivität. Der Mensch wird zum Mittelpunkt der Welt. Sein Verhalten ist nicht mehr durch Abhängigkeit und Unterwerfung gekennzeichnet, sondern dadurch, daß er sich mit Gott vergleicht, ja sich an die Stelle Gottes setzt, und dies alles in einer einzigen »Richtung des Bewußtseins«: dem Werden. Das Christentum hat in die Auffassung von der Zeit einen unlösbaren Widerspruch eingeführt. Wenn, wie wir gesehen haben, mit der Behauptung der Ankunft des Erlösers die zyklische Zeit zum Stillstand gebracht worden ist – jene der »Wiederholung« eines grundlegenden Ereignisses –, so mußten die Christen angesichts der Unabschließbarkeit der irdischen Zeit einen Kompromiß finden: Sie ließen die zyklische Zeit, indem sie das liturgische Ritual beibehielten, neben der historischen Zeit bestehen, die mit der Geburt Christi als einem unwiederholbaren Ereignis begann.

Aber das Fortschreiten der Zeit schließt die Hinnahme des Todes mit ein, d. h. das Werden und Vergehen der Körperlichkeit. Ein Beispiel dafür ist das ineinanderübergehende Nebeneinander von Körper und Tod der *Pietà Rondanini*. Dies sind alles Motive, die in der Musik nicht nur das adäquate Mittel ihres Ausdrucks, sondern vor allem auch das ihres »Seins« finden. Die Musik selbst *ist* Zeit und *ist* Körperlichkeit. In der Vollkommenheit ihrer Form, die so »vollendet« ist, daß sie immer wieder belebt, aufs neue erschaffen werden muß, um sie existieren zu lassen, weist die Musik auf die Unvollkommenheit, auf die Unvollendetheit des Menschen hin. Eine Unvollendetheit, die der Mensch in der abendländischen Kultur an sich akzeptiert hat und die ihn auf die Zukunft als auf eine Zeit fortwährender Veränderung blicken läßt. Von daher ist auch die unmittelbare Beziehung der Musik zum christlichen »Körper«-Konzept und ihre Befreiung von der Marien-Psychose zu verstehen. Alle diese Themen lassen sich in ihrer Konfliktträchtigkeit und ihrer unvermeidlichen Entladung deutlich durch die Geschichte der abendländischen Musik verfolgen.

Der Weg beginnt mit dem Gregorianischen Gesang. Hier stellt sich der zyklischen Zeitauffassung kein Hindernis in den Weg; es handelt sich um eine schwingende und wogende Zeit ohne formale und starre Parameter, weil ihr die Sicherheit innewohnt, immer zu sich selbst zurückkehren zu können. Denn in ihrer thematischen Struktur ist das Vertrauen mit einbezogen, daß jegliche Frage eine Antwort finden wird. Kein Ritual und kein Gebet stellt jemals wirkliche Fragen, niemals gelangt es in den Bereich des Zweifels, weil der Gesprächspartner, an den es sich wendet, Gott ist. Der Gregorianische Gesang kann es sich deshalb erlauben, in unbestimmten Intervallen zu »schweifen«, weil er von der Gewißheit der göttlichen Antwort getragen ist. Die Zeit ist »gegeben«. Seit Bach jedoch wird sich die abendländische Kultur immer stärker ihres Widerspruchs bewußt. Man beginnt, das Quälende einer Frage zu begreifen, die in der zeitlichen und thematisch-formalen Struktur verzweifelt nach einer notwendigen Antwort sucht. Die Genialität Bachs (dem das bittere Schicksal zuteil geworden ist, als ein »religiöses« Genie betrachtet zu werden) besteht darin, ein logisch zwingendes System innerhalb des musikalischen Denkens zur Motivation der sich nutzlos wiederholenden Struktur der zyklischen Zeit gefunden zu haben. Er zeigt eine Struktur auf, die nicht mehr »gegeben«, d. h. dem Menschen von außen als selbstverständlich und richtig zugewiesen ist. Die Wiederholung wird zu einer fortwährenden Aufeinanderfolge von Fragen und Antworten, zu einer ungeheueren intellektuellen Anstrengung, die Form der absoluten Zeit mit einem sich selbst genügenden Inhalt zu füllen, ohne die Vernunft der Gewißheit der bereits »gegebenen« Zeit unterzuordnen.

Bach stirbt im Jahre 1750. Mit der Aufklärung stellt der Mensch nunmehr Fragen, die einer Antwort nicht mehr sicher sein können: Die Suche wird zur conditio humana. Sie ist die moderne Form der wissenschaftlichen Logik. Die Zeit der Wissenschaft fällt also mit der »Frage-Struktur« der Musik zusammen, mit einer Zeit, die von Mozart über Beethoven, bis zu Debussy, Schönberg, Berg und Bussotti sich immer weiter von der Vorstellung der Dauer, von Anfang und Ende entfernt, die die »Kontinuität« im »Raum« sucht und so von der Auflösung des Tons zur Auflösung der Tonart übergeht.

1905, im selben Jahr, in dem Einstein die *Spezielle Relativitätstheorie* veröffentlicht, wird das symphonische Gedicht *Pelleas und Melisande* uraufgeführt – und ausgepfiffen. Es kennzeichnet eine grundlegende Etappe in der Suche nach einer »räumlichen« Musik. Einstein und Schönberg: Beiden ist gemeinsam, daß sie den Weg gegangen sind, den die jüdisch-christliche Kultur des Abendlandes zurückgelegt hat: das Erleben der Dimension der Zeit als eine immer mehr absolute, als Struktur einer bedeutsamen Existenz gegenüber Gott, der Erlösung, der Geschichte, jenseits aller Beziehungen zu der räumlichen Konkretheit der Ereignisse. Aber auch die Endkrise dieses Weges haben beide erlebt: die Gleichsetzung von Zeit und Raum. Das symbolisch Konkrete wird für immer zurückgewiesen: Das Symbolische ist immer konkret. Einstein selbst behauptet in *Ideas and Opinions*, »das große Hindernis bei der Formulierung der Relativitätstheorie sei die Vorstellung gewesen, daß es eine universale, auf alle Beobachter und auf alle Ereignisse im Raum als einem Ganzen, als eine zwingende Konzeption, anwendbare Zeit gebe, die anscheinend unabhängig sei von unserer sinnlichen Erfahrung«. Das sind Worte, die geradezu eine metahistorische Zeit, d. h. eine abstrakte Zeit, und einen ebenso metahistorischen und abstrakten Kosmos definieren. Wir haben ihn bereits kennengelernt: den Körper des Menschen als Paradigma der Welt; die Zeit der »Erlösung« als Paradigma der irdischen Zeit. Schönberg befreit sich seinerseits vom absoluten Ton und von der Notwendigkeit der darin enthaltenen Zeit und sucht in der »Klangvision«, im Bereich der Klangfarbe, die Überwindung jener Formkategorien, die es Bach ermöglicht hatten, mit der zyklischen Zeit der Liturgie zu leben.

Es bedeutet die Auflösung der »Körperlichkeit« des Tons, einer Körperlichkeit, die schon der Gregorianische Gesang in gewisser Hinsicht verworfen hatte, indem er sich auf die Stimmen verließ – auf männliche Stimmen natürlich. Man könnte zunächst meinen, der »Gesang« sei der Körperlichkeit überaus nah. Aber es ist nicht so. Das, was die Kultur hervorgebracht hat, ist, wie wir nun schon mehrmals bemerkt haben, vor allem die Projektion, d. h. die Entfernung vom Körper. Ein Musikinstrument kommt, gerade weil es eine Projektion des natürlichen Organismus ist, durch die Manipulation der Umgebung zustande. Es nimmt die Merkmale des »vermittelnden« Gegenstandes an. Das Musikinstrument ist wie der Körper der Frau: Es ist »weiblich«. Die männliche Stimme vertritt den Samenerguß, sie setzt sich dem Samenerguß entgegen (der Gegensatz von hoch und tief), sie tilgt ihn aus und hebt das Wesen des Mannes in der Unterwerfung im Gebet zu Gott empor. Aus diesem Grund kann sich in der Liturgie nur die männliche Stimme, die des Priesters oder des Mönchs, aufgrund ihrer Keuschheit befreien; oder auch die Stimme des Eunuchen oder des Knaben, die bereits unterworfen und ohne Männlichkeit sind. Alle Diskussionen, die über den Gebrauch der Musik und der Instrumente im liturgischen Bereich geführt worden sind, hängen mit der Verbindung von Musik und Unreinheit des »Körpers« zusammen, damit, daß sie immer weiblich ist.

Weiblich, folglich auf der Seite des Bösen, teuflisch. Auf einem der Kapitelle der Abtei von Vézelay, der wir auf unserem Weg bereits begegnet sind, versucht der Teufel den heiligen Benedikt, indem er ein Instrument spielt. Doch die Versuchungen ereignen sich stets »analog«: die Frau und die Musik. Beide sind »Instrumente«. Es ist unvermeidlich, daß sich beide Instrumente am Ende vereinen: Der Teufel spielt auf der Viola ebenso wie auf dem Körper der Frau. Teufel und Tod sind ein und dasselbe, Frau und Tod sind ein und dasselbe. Außerdem: Teufel und Tanz sind ein und dasselbe; Frau und Tanz sind ein und dasselbe: Verdammnis, Tod. Tatsächlich ist der Tanz der äußerste Versuch, den die Menschen unternommen haben, um sich konkret und symbolisch über die eigene Körperlichkeit zu erheben, indem sie sich des eigenen Körpers als eines

Instruments bedienen: Es ist die Sublimation des Körpers durch das absolute Vertrauen in den Körper. Der Tanz bleibt daher von den liturgischen Zeremonien ausgeschlossen, weil er die Notwendigkeit der Unterwerfung des Körpers unter Gott, den Verzicht auf Sexualität leugnet. Aber dort, wo man die Sexualität ablehnt, wird auch die Frau abgelehnt, d. h. jede Frau, die nicht »Maria« ist.

Der Tanz kann also nichts anderes sein als »Eva«. Aber Eva ist nur ein Prototyp. In ihr vereinigen sich alle Zauberinnen, alle Sirenen, alle Kalypsen, alle Sylfiden, alle Circen, die mit ihrem wundersamen Gesang bezaubern, berauschen, täuschen, trügen. Dem demütigen und unbeweglichen Schweigen der Maria stellt sich das wollüstige und berauschende Treiben jener Frauengestalten entgegen, die bloße Erscheinung sind, die der Welt des Traums, der erotischen Illusion, der Magie der Musik angehören, welche sich letztlich immer als dämonische Spirale des Todes erweisen wird. Gleich der Entgegensetzung von Eva und Maria scheiden sich Musik und Tanz: Die Musik, vom Tanz befreit, d. h. vom Körper, ist »Frau«, aber jene Madonnen-Frau, die die Erlösung, die Ewigkeit, die Verbindung mit dem Überirdischen verbürgt. Der Tanz ist ebenfalls »Frau«, aber jene andere Frau, der der Mann sich nicht zu entziehen weiß und die auch ein überirdisches Geheimnis in sich trägt: das der Sexualität, des Lebens. Sie ist jenes Ideal einer Frau, das sich der Mann als verzweifelte Hoffnung auf ein Leben ohne Tod, ohne Ende, aber als »wirklich«, als »konkret«, als »irdisch« aufgebaut hat.

Maria wird also niemals tanzen dürfen. In der unermeßlichen Marien-Ikonographie, in die der Mann, ohne zu zögern, all seine Frauenideale, die Jungfräulichkeit, die Mütterlichkeit, das Stillen, projiziert hat, bleibt der Tanz ausgeschlossen. Wir stehen damit vor einem Phänomen, das wir bereits kennen: Die Madonna ist nicht *die* Frau, sondern jene Frau, die die Männer selbst sein möchten. Dies legt auch die außerordentlich starke Suggestion nahe, die das Symbol des Schwans auf die Musiker ausgeübt hat. Der Schwan, der im Tanze stirbt und dabei singt, ist die verweiblichte Männlichkeit, die sich Gott unterwirft: Dies ist das einzig wirkliche Bestreben des Mannes. Konsequenterweise ist daher die vom Marienkult inspirierte Musik von einer entlarvenden Armut. Trotz aller Anstrengungen, die die Musiker unternommen haben, ihre Musik auf die Maria zurechtzuschneiden, zeigt gerade diese Musik, daß symbolisch Konkretes und »Frage-Struktur« nicht zusammen bestehen können. Dem logischen Zirkel der Marientheologie widersetzt sich in einer außerordentlich starken Reaktion die Unendlichkeit des »Endlichen« in der Musik.

8. Kapitel
Ein Schluß mit Fragezeichen

Das Bild der Madonna begleitet das Leben der Christen seit so vielen Jahrhunderten und so selbstverständlich, daß es gar nicht leicht ist, sich zu fragen, wer sie tatsächlich ist und was sie verkörpert. Vielmehr glaubt niemand, fragen zu müssen oder zu können. Maria – Mutter und Jungfrau: Nicht einmal die größten Atheisten, die erbittertsten Gegner der Religion, stören sich an ihr. Ebensowenig fühlt sich die Laienwelt irritiert, die voll Respekt die Wallfahrt zu ihren Standbildern organisiert und es als Zeichen schlechten Geschmacks ansehen würde, in einem eventuellen Religionskrieg gerade an der Madonna Anstoß zu nehmen, an ihren Marterln an den Straßenecken, ihren Heiligtümern, an den zahllosen schönen und häßlichen Abbildungen einer Frau mit einem Kind auf dem Arm.

Die Wahrheit der perfekten Erfindung

Die Madonna ist demnach so selbstverständlich, und ihre Existenz gilt allen als so natürlich, daß auch die gläubigen Katholiken nicht auf Fragen über die theologischen Inhalte der Mariendogmen antworten könnten.

Was bedeutet: Unbefleckte Empfängnis? Was bedeutet: Himmelfahrt? Es spielt keine Rolle. Die Symbole, die sie begleiten, entsprechen dem weiblichen Idealbild so vortrefflich, daß sie keiner Rechtfertigung bedürfen: Sie ist schön, ist unschuldig, ist Jungfrau, ist Mutter, ist demütig und stets bereit, ihre Kinder zu beschützen und ihnen zu helfen. Sie ist wahr, von der Wahrheit der perfekten Erfindung. Sie könnte nicht im mindesten so wahr sein, wenn es an ihr irgendwelche »konkreten«, historischen, realistischen, menschlichen Besonderheiten gäbe. Sie ist ein perfektes Konstrukt, weil, im Gegensatz zu den Mythen, das Idealbild der Madonna allmählich, wie wir gesehen haben, erarbeitet worden ist, indem man allen Forderungen eines wahnhaften Bedürfnisses nachkam und nicht eher aufhören konnte, bis das ganze Mosaik vollendet war. Das Dogma der Himmelfahrt stammt aus der jüngsten Vergangenheit. Aber wenn man der Logik des weiblichen Idealbildes folgt, das der Frau von der Gesellschaft und der Kultur über den männlichen Wunschtraum zugewiesen worden ist, so wird klar, daß die Himmelfahrt nur die letzte und unvermeidliche Konsequenz aus den Vorbedingungen ist und daß ohne sie das ganze, um den symbolischen Körper der Maria errichtete Schloß einstürzen müßte.

Beim Bau dieses Schlosses, das – wie die bisherige Analyse ergeben hat – in den *Evangelien* begonnen wurde (und zwar nicht wegen der Madonna, sondern damit die Göttlichkeit Jesu als Sohn Gottes behauptet werden konnte), schlug man dann einen Weg ein, der nichts mehr mit Jesus zu tun hatte. Es ist die Verabsolutierung der Frau, erträumt und idealisiert von den Männern, den Trägern der Kultur und den Inhabern der Macht gegenüber den Frauen. Die Merkmale, die der Maria allmählich zugeschrieben werden, entsprechen zum Teil Strukturen, die sich gleichbleibend bei allen uns bekannten Völkern finden lassen (z. B. die »Verschließung«). Teilweise entsprechen sie jedoch der Entwicklung der verschiedenen sozialen Kontexte, in denen sich das Christentum entwickelt hat, wobei einige Charakteristika unterschiedlich stark betont werden. Im Orient bleibt die Mutterschaft stets das wichtigste Attribut der Maria. Das Marien-Bild im Abendland kennzeichnen eher die Ideale, die sich mit dem Rittertum, der »höfischen Sitte« sowie mit dem immer stärkeren Bewußtsein der Homosexualität entwickelt haben. Zudem war das Schicksal der Madonna in Westeuropa aufgrund der bewegten politischen Geschichte der Kirche und den sprachlichen, literarischen und religiösen Beziehungen zu den keltischen Völkerschaften größeren Veränderungen unterworfen. Schließlich wirkten sich die reformatorischen Bewegungen aus, die, weil sie die Mutter Gottes aus der Theologie verbannten, die wütende und besessene Reaktion eines unterdrückten »Bedürfnisses« anstachelten.

Man mag sich fragen: Hat die Marienverehrung die konkreten Lebensbedingungen der Frauen beeinflußt? Obwohl es hierzu nicht viele Untersuchungen gibt, darf behauptet werden, daß, wenn sie sie beeinflußt hat, dies in negativer Hinsicht geschehen ist. Die Männer der Kirche, die viele Jahrhunderte lang die einzigen Träger und Verkünder der Wertvorstellungen und in ein nicht existentes Frauenideal verliebt waren, haben die an sich schon schreckliche Lebenswirklichkeit der Frauen unterdrückt und mit Füßen getreten, indem sie die Frauen ständig mit nicht praktikablen Tugenden konfrontierten und sie ermahnten, in sich selbst die Ursache für alle Sünden der Menschen zu sehen. Aber auch wenn wir die Lebensbedingungen der Frauen beiseite lassen, was hat die Marienverehrung bewirkt? Die berühmtesten Marienverehrer sind Männer von äußerster Härte und Gewalttätigkeit gewesen, die Kreuzzüge und Ausrottungsfeldzüge gegen die »Feinde« gepredigt haben: Heiden, Moslems, Ketzer, Sodomiten, Hexen, was auch immer. Der heilige Bernhard wie auch der heilige Vinzenz Ferrer, der heilige Dominikus und ebenso der heilige Bernhard von Siena, die der Maria Lobgesänge darbringen und zahllose Rosenkränze beten, werden zu unerbittlichen Inquisitoren, die nicht im geringsten zur Vergebung bereit sind. Die Historiker erzählen deshalb die Ereignisse, ohne die Existenz der Madonna zu erwähnen, weil nichts, was die Gesellschaft hervorgebracht hat, dem gleicht, was sie in der Madonna lieben. Aber diese Feststellung kann, statt daß sie Verwunderung erregt, als letzter und endgültiger Beweis für den Mechanismus der Entwirklichung aufgefaßt werden, der das Kunstgebilde »Madonna« trägt. Die Marienverehrer haben gewirkt, indem sie hartnäckig dem Vorbild der Zerstörung des Menschlichen nacheiferten, das ihnen erlaubte, sich als die einzig Auserwählten, die Prototypen der Vollkommenheit zu sehen.

Das Gefühl von intellektuellem Ekel, das die Marien-Bibliographie wegen ihrer gigantischen Entwicklung erregt (man hat zwischen 1948 und 1968 16685 Titel gezählt), hängt vor allem mit ihrer Nutzlosigkeit zusammen. Sie gibt dem Denken keine »Nahrung«, weil sie keine Möglichkeit der Entfaltung und Entwicklung von Selbstkritik eröffnet. Mit anderen Worten: Sie ist ein Nicht-Denken, eine Nicht-Wissenschaft per definitionem. Dies ist nicht nur deshalb so, weil sie eine naturgemäß im »Glauben« eingeschlossene Literatur darstellt, die infolgedessen stets danach trachtet, zu Schlußfolgerungen zu gelangen, die, damit sie gewahrt bleiben können, im voraus festgesetzt sind. Den Eindruck der intellektuellen Nutzlosigkeit vermitteln auch die mariologischen Schriften aus dem protestantischen Lager, die die dogmatischen Definitionen ablehnen, und sogar die Kommentare derer, die die »Wahrheiten« des Christentums in Abrede stellen und sich den Behauptungen der Theologie widersetzen. Tatsächlich können die Aussagen über die Madonna kein Argumentationsgegenstand sein, weder negativ noch positiv, weil sie ersichtlich in einer Märchenwelt aufgestellt worden sind. Es handelt sich jedoch um eine Art Märchen, die die Freude an der Phantasie, wie sie sich z. B. bei der Lektüre der Mythen so vieler alter und moderner Völker einstellt, nicht zuläßt. Dies hängt vor allem damit zusammen, daß das Kunstgebilde »Madonna« auf einer menschlichen Person errichtet worden ist.

Es ist die Vermischung von menschlicher Person und Transzendenz, was die Marienliteratur so auffallend wirklichkeitsfern macht. Sicherlich könnte man dagegen einwenden, daß im Urchristentum diese Vermischung schon in der Gestalt Jesu gegeben ist, der gemäß der Theologie Gott und Mensch zugleich ist. Dennoch unterscheidet sich die Denkweise, die sich im Zusammenhang mit der Madonna entwickelt hat, gänzlich davon. Hier ist die doppelte Realität, die göttliche und die menschliche, nicht vorausgesetzt. Überirdisch wird die Madonna, weil ihr die physischen Bedingungen fehlen, die die menschliche Natur ausmachen. In einer sehr angesehenen Marien-Enzyklopädie, *Theotókos*, die im Jahre 1958 erschien, wird behauptet, daß die Gesetze des Alterns und des Todes für Maria aufgehoben sind: eine unvermeidliche logische Folge des Dogmas von der Unbefleckten Empfängnis.

Der Unterschied zwischen menschlich und göttlich stützt sich auf die Behauptung, daß Maria ohne Erbsünde schwanger wurde, auch wenn es auf der theologischen Ebene eine Stelle gibt, die das ungelöste und auch nicht lösbare Geheimnis des Christentums enthält: was das Böse ist. Gott hat das Böse nicht geschaffen, aber im Schöpfungsakt kennzeichnet er es als das Andere. Das Böse gegenüber Gott stellt in Wirklichkeit der Mensch (Mann) dar, insofern Gott nur etwas erschafft und erschaffen kann, was anders ist als er. Nur durch die Zeugung entflieht er seiner »Vereinzelung«. Der Teufel muß deshalb als die Personifikation des Bösen existieren, sonst könnte Gott sich im Akt der Erschaffung des Menschen nicht entäußern. Die Frau, die im Vergleich zum Manne bereits das »Andere« ist, stellt demnach Gott gegenüber das Andere des Anderen dar. Sie ist weiter entfernt von Gott und infolgedessen dem Bösen näher. Die

Madonna wird also durch die Unbefleckte Empfängnis zur uranfänglichen Menschheit, zu der von Adam und Eva, zurückgeführt. Aber es handelt sich nur um eine scheinbare Analogie. Der Abgrund, der die Madonna von Eva trennt, ist ihre Unfähigkeit zur Sünde, ihr Heiligsein a priori, ihr Pseudo-Sieg über das Böse. So wird doch behauptet, daß Gott sie schon seit Ewigkeit zur Mutter seines Sohnes auserwählt hatte. Es besteht folglich ein tiefer Wesensunterschied zwischen Eva und Maria. Die Theologie vergleicht sie hingegen miteinander und kennzeichnet sie durch eine Typologie von Gegensätzen. Die Madonna, heilig gesprochen, noch ehe sie geboren war, ist gänzlich verschieden von Eva, die in Versuchung geführt wird. Eva ist frei, Maria ist es nicht. Die Madonnenverehrer, besessen von der Keuschheit Marias, behaupten, daß sie niemals einer Versuchung zur Unkeuschheit ausgesetzt gewesen sei. Es handelt sich dabei um eine »unvermeidbare« Behauptung. Sagt man »Versuchung«, meint man »Begehren«, also Bilder, Gedanken, Emotionen. Hierin besteht der wahre Gegensatz zu Eva: nicht die Versuchung besiegt, sondern sie abgelehnt zu haben. Wenn Maria die Schlange zerquetscht, so deshalb, weil sie den Kampf mit ihr nicht aufgenommen hat. Wenn sie da ist, gibt es den Versucher nicht.

Doch was ist die Schlange anderes als die männliche Sexualität?

Die Schöne und die Bestie

Die Assoziation von der Schönen und der Bestie gehört einer Tiefenstruktur der Kultur an. Stets verbirgt sich unter den Verkleidungen des Untiers die männliche Potenz, die sich im Besitz der Schönen, der Frau »rettet«, sich vermenschlicht. Die Bilder sind zahlreich, aber immer mehr oder minder ähnlich und stets voller Suggestion, die auf unbewußte und verbreitete kollektive Bedeutungen verweist. Leda mit dem Schwan oder die Dame mit dem Einhorn sind ohne weiteres austauschbar. Die »Gestalt« der Bestie ist wie die der Schlange in Wirklichkeit ein Phallussymbol. Während des Mittelalters, d. h. im Zusammenhang mit der Entwicklung des weiblichen Idealbildes, hat man in Leda mit dem Schwan häufig ein Gegenbild zur Madonna gesehen. Doch handelt es sich um spiegelgleiche Symbole, und die Tatsache, daß sie miteinander in Verbindung gebracht wurden, zeugt von der ihnen zugrundeliegenden strukturellen Identität. Die Madonna zerquetscht die Schlange, d. h. sie lehnt jeglichen Sexualkontakt ab, während Leda vom Penis abhängig ist. Tatsächlich findet sich in der Madonna, die die Schlange zerquetscht, das gesamte wahnhafte Verlangen wieder, von dem wir gesprochen haben. Die letzte Absicht, die mit dem Konstrukt »Madonna« verfolgt wird, besteht für den Mann darin, den sexuellen Verkehr mit der Weiblichkeit zu eliminieren. Der scheinbare Triumph der Madonna ist in Wirklichkeit der Triumph des Mannes: die Lösung jeglicher Bindung an die Frau.

In der Dame mit dem Einhorn finden wir hingegen das Idealbild der Frau, so wie es in dem kulturellen

›Niemandsland‹ zwischen Eva und Maria, zwischen theologischer und dichterischer Imagination entworfen worden ist. Die Legende von der Jungfrau, die das Einhorn anlockt, es in sich verliebt macht und indem sie ihm die Brust gibt, in den Tod führt, ist tatsächlich oft für eine Marienlegende gehalten worden. Man versteht leicht, daß das Ideal der Frau immer ein Ideal bleiben muß, d. h. niemals konkret werden darf. Dort, wo dies einträte, verschwände der Mann, gewissermaßen getötet von ihr. In der Dame mit dem Einhorn wird deshalb der Übergang von der idealen Frau zur Madonna erahnbar. Das Einhorn hofft, zu ihr zu gelangen und sie lieben zu können: Es wird daran zugrunde gehen. Die Schlange hingegen haßt sie, will sie vernichten: »Feindschaft setze ich zwischen dich und die Frau, zwischen deinen Nachwuchs und ihren Nachwuchs«, (Gen 3,15) bestätigt die *Genesis*. Nichts könnte klarer sein. Die wahre Schuld, der Verrat Adams, hat darin bestanden, daß er die Beziehung zur Frau derjenigen zu Gott vorgezogen hat. Der »Ungehorsam« in der *Genesis* ist der Ehebruch gegenüber Gott. Die »Madonna« konstruieren bedeutet den Weg der Schuld zurückgehen und sie leugnen.

Durch den sehr engen Kontakt zu Gott, täglich wiederhergestellt in den Riten, den Gebeten, den liebevollen und demütigen Gedanken, durch die sich die erotisch-sexuell-affektive Beziehung ausdrückt, wird zusammen mit dem Mystizismus die unterschwellige Homosexualität in einem mentalen Akt befriedigt. Nur im Hinblick auf die Fortpflanzung ist der Sexualkontakt mit Frauen erlaubt. Ansonsten wird er, wie im christlichen Mönchtum, vollkommen eliminiert. Einen Gegenbeweis mag man in der bei den Juden praktizierten sog. »heiligen Prostitution« sehen (die sich bei vielen Völkern findet). Es handelt sich um eine offensichtlich unpassende Bezeichnung, weil diejenigen nichts Heiliges an sich haben, die in den Tempeln der Prostitution nachgehen, weder die Männer, von denen man zu schweigen pflegt, die aber in Wirklichkeit die wahren »heiligen Prostituierten« sind, und noch viel weniger die Frauen. Im Tempel Geschlechtsverkehr mit einer dazu verpflichteten Person zu haben – wobei dieser Dienst, da sich die Frau dem Priester unterwirft, als Gottesdienst bezeichnet wird –, bedeutet, daß man nicht nur nicht Ehebrecher gegenüber Gott ist, ihn nicht betrügt, sondern daß man vielmehr eine sexuelle Verbindung mit *ihm* hat, daß sich in einem *Körper* – dem konkreten und symbolischen Ort der Heiligkeit – die menschlichen und göttlichen »Wesenheiten« vermischen.

Die Vergottung des Menschen

Das »Volk Gottes« weiß, daß es die Voraussetzungen geschaffen hat, um sich als Gott zu begreifen. Im Augenblick, in dem sie sich für verantwortlich erklärten, den Tod verursacht zu haben, sind die Juden Gott geworden. Tatsächlich ist es die Freiwilligkeit des Todes, wodurch sich die Macht erweist, er ist die absolute Zäsur in der trägen Selbstverständlichkeit des Daseins, der Unterschied im *continuum* einer Natur, die sich in ihrem immer gleichen Sein vernichtet. Das Dilemma des Judentums und des Christentums besteht in dem besessenen Versuch, sich dieser Schlußfolgerung zu unterwerfen:

Der Mensch ist Gott. Die einzige Möglichkeit des Übergangs ist die sexuelle Vereinigung mit Gott. »Und sie werden ein Fleisch«, sie werden »zwei in einem« (Gen 2,24) werden. Das ist die einzige Möglichkeit, die eigene Göttlichkeit anzuerkennen, ohne Gott zu verlieren, ohne ihm die Existenz abzusprechen. Einen Menschen zu konstruieren – nämlich Jesus –, der auch Gott ist, stellt dagegen den extremen Versuch der Bestätigung dar, daß der Mensch durch den Prozeß der Fortpflanzung Gott ist. Doch es handelt sich ganz offensichtlich um eine »Ausflucht«, die quälend und einfältig zugleich ist. Seit dem Jahre 1000 wird mit dem Erstarken des Humanismus der Weg immer klarer und infolgedessen immer gefahrvoller. Der Kampf gegen das Dämonische wird verstärkt in der Hoffnung, die Existenz des Teufels werde die Existenz Gottes bestätigen, die Entfesselung der Homosexualität zügeln und die aufbrechenden Grenzen des Geistes durch die Pervertierung der Logik – mit der Analogie als System der Wahrheitsfindung – festigen.

Es ist ein Weg, der in den Atheismus, in die Aufklärung mündet. Denn diese bieten noch die Möglichkeit, sich vor der Behauptung der eigenen Göttlichkeit zu bewahren. Es ist dann schon besser, demgegenüber gleichgültig zu sein. Auch wenn es Gott nicht gibt; der Mensch ist Mensch. Nur daß er sich selbst an die Stelle Gottes gesetzt hat, das kann er nicht zugeben.

Dann halten wir es doch besser mit der Madonna.

Georg Denzler

Die verbotene Lust
2000 Jahre christliche Sexualmoral
378 Seiten. Geb.

Georg Denzler, Ordinarius für Kirchengeschichte an der Universität Bamberg, unternimmt in diesem Buch einen Gang durch die Kirchengeschichte, um die Grundlinien der kirchlichen Ehe- und Sexualmoral im historischen Kontext zu präsentieren. Dabei kommt viel Erstaunliches zutage. Bei den bis heute als unverrückbar geltenden Normen und Gesetzen handelt es sich meist um rein kirchliche Setzungen, wie sie sich im Laufe von Jahrhunderten, manchmal sogar durch historische Zufälle, herausgebildet haben, ohne Grundlage in der Bibel zu besitzen. Gestützt auf ein reiches Quellenmaterial arbeitet der Autor die jeweils gültige Sexualmoral der Kirche heraus, indem er mannigfache Entwicklungen, Zusammenhänge wie Brüche aufzeigt.

Im ersten Teil behandelt Denzler die Ehelehre der Kirche: Wesen und Zweck der Ehe, Formen der Eheschließung, Möglichkeiten der Ehescheidung und Methoden der Geburtenkontrolle.

Der zweite Teil umfaßt die Sexualität außerhalb der Ehe: den vor- und außerehelichen Geschlechtsverkehr und sogenannte Abnormitäten.

Im dritten Teil werden Ursachen und Motive für die Diffamierung und Diskriminierung des weiblichen Geschlechts deutlich vor Augen gestellt. Demütige Magd oder stolze Herrscherin, sündige Eva oder heilige Maria, Jungfrau und Mutter, Hexe oder Priesterin – zwischen solchen Extremen bewegt sich die kirchliche Einschätzung der Frau.

Am Schluß macht Denzler eine kritische Bilanz auf, in der er auf aktuelle Moralprobleme verweist, denen die Kirche mit ihren traditionellen Entscheidungen nicht gerecht wird. Gleichzeitig macht er auf Alternativen zur bisherigen Sexualmoral der Kirche aufmerksam.

Georg Denzler (Hrsg.)
Lebensberichte verheirateter Priester
Autobiographische Zeugnisse zum Konflikt zwischen Ehe und Zölibat
237 Seiten. Serie Piper 964

Piper

6 3,00
× 6